PRINCIPIOS Y
VALORES

# LOS DÍAS MÁS FELICES

## PLAN ECONÓMICO PERONISTA

UN MODELO DE DESARROLLO ECONÓMICO
PERMANENTE Y SUSTENTABLE (MODEPYS),
CON ORIENTACIÓN A LA PRODUCCIÓN

## PRINCIPIOS Y VALORES

**HOJAS DEL SUR**

Buenos Aires

www.hojasdelsur.com

Los días más felices.
Plan económico peronista.
*Principios y Valores*

1a. edición

**Editorial Hojas del Sur S.A.**
Albarellos 3016
Buenos Aires, C1419FSU, Argentina
e-mail: info@hojasdelsur.com
**www.hojasdelsur.com**

ISBN 978-987-8916-62-0

Dirección editorial: Andrés Mego
Edición: Paola Adler
Diseño de portada e interior: Cali Hernández y Vero Lara

Principios y Valores
  Los días más felices : plan económico peronista / 1a ed. - Ciudad Autónoma de
Buenos Aires : Hojas del Sur, 2023.
  160 p. ; 23 x 15 cm.

  ISBN 978-987-8916-62-0

  1. Peronismo. I. Título.
  CDD 320.82

Conforme a los usos de otras publicaciones, como las del sistema de Naciones Unidas, hemos tratado de utilizar términos neutros sin apelar a recursos gráficos que dificulten la lectura y empleamos el masculino genérico clásico entendiendo que todas las menciones en tal género representan siempre a varones y mujeres.

Agradecemos al licenciado Oscar Carreras por la elaboración de los gráficos actualizados al 2023 de esta obra.

# MARCHA PERONISTA

Los muchachos peronistas
todos unidos triunfaremos,
y como siempre daremos
un grito de corazón:
¡Viva Perón! ¡Viva Perón!

Por ese gran argentino
que se supo conquistar
a la gran masa del pueblo
combatiendo al capital.

¡Perón, Perón, qué grande sos!
¡Mi general, cuánto valés!
Perón, Perón, gran conductor,
sos el primer trabajador.

Por los principios sociales
que Perón ha establecido
el pueblo entero está unido
y grita de corazón:
¡Viva Perón! ¡Viva Perón!

Por ese gran argentino
que trabajó sin cesar
para que reine en el pueblo
el amor y la igualdad.

¡Perón, Perón, qué grande sos!
¡Mi general, cuánto valés!
Perón, Perón, gran conductor,
sos el primer trabajador.

Imitemos el ejemplo
de este varón argentino
y siguiendo su camino
gritemos de corazón:
¡Viva Perón! ¡Viva Perón!

Porque la Argentina grande
con que San Martín soñó
es la realidad efectiva
que debemos a Perón.

¡Perón, Perón, qué grande sos!
¡Mi general, cuánto valés!
Perón, Perón, gran conductor,
sos el primer trabajador.

# ÍNDICE

# I

# PRESENTACIÓN DEL PLAN ECONÓMICO PERONISTA

## Por Guillermo Moreno

Esta es la primera vez en la historia de nuestro movimiento que podemos decir que alcanzamos la madurez en la articulación de conocimientos para sistematizar un Plan Económico Peronista.

En este libro, expresamos con precisión un modelo económico que no es para cualquier gobierno. Es para un gobierno peronista, que entiende la realidad del pueblo argentino.

Dicho Plan Económico se inserta en un programa de gobierno amplio, cuyo criterio ordenador es el Modelo de Desarrollo Económico Permanente y Sustentable (MoDEPyS) orientado a la producción.

Nosotros, en el espacio Principios y Valores, humildemente, diseñamos este Plan Económico en el que hablamos del país, hablamos del Modelo, nos ocupamos de la situación del mundo y consideramos las doctrinas.

Los economistas del peronismo han tenido una tradición oral, nos ha dicho cierto economista que hoy es gobernador. Esto no es así. Lo que nos ha pasado es que en los 70 años de historia del justicialismo fuimos subestimados. Las conceptualizaciones peronistas fueron tan menospreciadas que incluso durante la Década Ganada, en las facultades, y aún hoy, se siguen estudiando aquellas categorías europeas "universales". Consideramos equivocadas estas categorías para los europeos mismos, y aún más para las realidades latinoamericanas. Cuando alguien dice "yo soy socialdemócrata" es que le falta estudio.

No es virtuoso ser marxista o ser neoliberal. Si entendés la realidad de tu pueblo, finalmente, te encontrás con el peronismo.

Es por ello que sistematizamos, desde la doctrina, un plan económico.

¿Podemos decir que hay una teoría económica peronista? Sí, definitivamente. Y esta nos permite continuar el trasvasamiento generacional dentro de la disciplina.

¿De dónde surge este Plan Económico Peronista? De lo fundamental: de la doctrina. ¿Y qué es la doctrina? La sistematización de los principios. ¿Qué son los valores? La ejecución de esos principios. ¿Y dónde anida la doctrina? En el pueblo.

SI ENTENDÉS
LA REALIDAD
DE TU PUEBLO
FINALMENTE
TE ENCONTRÁS CON
EL PERONISMO

# PREFACIO AL PLAN ECONÓMICO PERONISTA

## Por Pimpi Colombo

# I



La novedad revolucionaria del Plan Económico Peronista es de tal magnitud que trasciende el ámbito estrictamente económico y se constituye en una herramienta del pueblo argentino para crear una Nueva Alianza política-económica-social que pueda superar el proceso ruinoso de decadencia, anarquía y desintegración nacional.

La Década de la Decadencia (2014-2023) no es otra cosa que la claudicación ética-política de la crema partidaria de la Argentina, cuya consecuencia fue llevar al abismo a nuestra Patria, a la pobreza a nuestro pueblo, a la miseria a nuestros mayores, y a nuestros jóvenes a la desesperanza. Una Argentina de la frustración y sin horizontes.
Ante esta supercrisis que estamos atravesando solo vale la Refundación de la Patria. **Este es el mensaje esperanzador que lleva el espíritu liberador del Plan Económico Peronista.**

El peronismo no solamente es un movimiento político popular, además es fruto de un fundamento filosófico surgido de la experiencia de lucha del pueblo argentino. Es, también, una doctrina con principios y valores fundantes basados en la noción de Comunidad Organizada y su comprensión profunda puede ser captada por la experiencia de vida que cada hombre y cada mujer lleva en su piel, reflexiona con su conciencia, se graba en la memoria de su corazón para que el soplo del Espíritu empuje al conjunto de los argentinos hacia su verdadero destino como Nación.

Esto no es todo: el acontecimiento, extraordinario y novedoso a la vez, es que las distintas generaciones de economistas peronistas, a partir del círculo virtuoso generado por la complementación de certezas teóricas y capacidad de acción demostrada, ofrecen el plan que genera las condiciones para que toda persona pueda tener trabajo y los salarios sean dignos, condiciones indispensables para terminar con la situación de pobreza en la que se ha sumido a nuestro pueblo en esta década perdida.

El Plan es Peronista porque en estos últimos años el equipo de cuadros y militantes expertos en la materia encabezado por Guillermo Moreno corporizaron en este libro los fundamentos de una teoría económica particular y propia del peronismo basada en el Trabajo y la Producción conforme a sus fundamentos doctrinarios y a las características de la cultura económica de la Argentina. Su implementación solo puede estar a cargo de un gobierno peronista, sin estructuras creadas para beneficio de los amigos del poder.

Quiero compartir una reflexión para aclarar una confusión alimentada por distintas esferas; desde que la socialdemocracia ha intrusado el Partido Justicialista y se denomina al gobierno de Fernández como *peronista* desde los medios de comunicación y –cuando no les resultó el sueño de sustituir al peronismo– también lo hace el oficialismo, y eso es lo que trajo la confusión.

Las disputas internas no disimulan la responsabilidad de pretender arrastrar al peronismo en su fracaso, aunque en nombre del peronismo han banalizado y corrompido cada uno de los símbolos más preciados del movimiento fundado por Perón y Evita, e inventan simulacros discursivos. Pero más tarde o más temprano, la máscara se vuelve rostro.

Por eso los invito a prestar atención a lo que dijo hace alrededor de dos mil años un joven maestro que andaba con sus pies llenos de polvo allá por Palestina: **"Por sus frutos los conoceréis"**. Es decir, un gobierno que hambrea al pueblo NO es un gobierno peronista. Claro y sencillo. **Y eso explica por qué este Plan Económico Peronista debe ser ofrecido desde el Partido Principios y Valores.**

# TRABAJO Y PRODUCCIÓN

**El Plan Económico Peronista** ofrece a cada argentino crear su vida en base a los valores de la Comunidad Organizada, donde cada persona se pueda realizar y expandir sus capacidades físicas, síquicas, intelectuales, artísticas y espirituales en el marco de una comunidad que felizmente se vaya realizando tendiente al bien común, a la justicia social y a la liberación del amor en todas sus dimensiones.

Alimentos al alcance de los bolsillos populares y energía accesible para un desarrollo productivo competitivo y una vida confortable para las familias son los pilares en los que se basa un modelo argentino que aspiramos a alcanzar.

No creo que sea tarea de la que escribe este prefacio explicar el contenido de este libro, sobre todo cuando sus autores lo han elaborado con iluminadora claridad en sus cinco secciones. Sin embargo, creo que me corresponde una labor que reconozco un tanto osada. Se trata de descubrir las vivencias de sus autores que le revelen el corazón del libro, es decir, su sentido profundo. Desde la comprensión de su propuesta se despliega una dimensión espiritual que hay que saborearla desde un estado de atención permanente. Podríamos decirlo con otras palabras: es un llamado a estar abiertos a que el viento de la inspiración nos roce al menos. Sin embargo, esto no es todo, el libro es, en esencia, una invitación a expandir todas las capacidades y el ímpetu necesario para colaborar en su implementación. **Reindustrializar la Argentina, terminar con la pobreza y alcanzar la Paz Comunitaria es el gran desafío y la gran tarea de la época. Co-autores y co-actores y no simples espectadores mudos de una historia ajena.**

En este sentido, deseo ahora compartir con ustedes apenas algunos unos aspectos salientes del libro.

A

El Plan Económico Peronista concibe el marco geopolítico desde la comprensión de cuál es el Nuevo Orden Internacional. La globalización surgida desde la caída del Muro de Berlín y el Consenso de Washington se encuentra en su ocaso. Interpretar correctamente cuál es el ritmo del corazón de este nuevo tiempo es indispensable para dar a la Argentina una perspectiva estratégica de inserción internacional. Un desarrollo, con nacionalismo de inclusión, es decir, con peronismo.

El libro destaca con precisión que es un momento de oportunidades para la Argentina y, si no se aprovecha, pasará para siempre. El tránsito hacia el fortalecimiento de los modelos nacionales reestructura el mapa del mundo. No será ahora la Organización Mundial del Comercio –institución globalizadora por excelencia– un obstáculo para administrar el comercio exterior. No vendrán sobre nosotros los países poderosos o sus dependientes para que abramos ingenuamente nuestros mercados.

Hoy el mundo está haciendo lo que hizo el gobierno peronista durante la Década Ganada (2003-2013): administrar el comercio, proteger la industria nacional, cuidar la mesa familiar.

En ese sentido el Plan Económico Peronista desarrolla con solvencia y profundidad el análisis de la historia desde la tercera posición justicialista, pasando por el arrasador globalismo que ha construido la más grande grieta entre países y entre personas que conoció el planeta, la más hiriente desigualdad que se haya conocido, y nos describe cómo esta globalización va perdiendo terreno poco a poco, constituyéndose un Nuevo Orden Internacional. En el que se definen quienes serán los países exitosos, porque defienden de manera más eficiente y eficaz el trabajo de su pueblo. **Está claro que abriendo las puertas de nuestro país a la penetración económica voraz de China, eliminando las defensas de nuestro trabajo como son las leyes antidumping, están destruyendo la esperanza de una Argentina industrial.**

B

Propone un ordenamiento general de la economía frente al descalabro presente al que nos llevó el statu quo partidario. Hacer lo que ya se hizo con éxito: generar las condiciones de recaudar más de lo que se gasta y de vender más que lo que se compra; es decir, lograr lo han llamado superávit gemelos, que permitían a todos los sectores productivos planificar sus inversiones, tener certezas y poder crecer.

Para ello, plantea una nueva Ley de Arrendamiento Rural para la zona núcleo de la pampa húmeda, para bajar el precio de la comida de los argentinos, hacer un nuevo acuerdo con el Fondo Monetario Internacional estableciendo que **la deuda será pagada por los dueños de las tierras de la pampa húmeda y no, como hoy, por los jubilados, pensionados, comerciantes ni el conjunto del pueblo argentino.**

Para compensar este aporte patriótico de los terratenientes se propone un bono en moneda dura a mediano plazo y tasas internacionales, de modo de reconocer el esfuerzo y sumar a un proyecto nacional que nos abarque a todos. Debemos superar el "feudalismo" donde se obtienen rentas extraordinarias, o sea beneficios redundantes, independientes del trabajo humano.

**En tiempos donde el riesgo de anomia y disolución nacional** tienen ejemplos concretos en las propuestas de "desmembrar" la Argentina –como la de separar la provincia de Mendoza–, la descripción que la región del centro es la única que genera riqueza, las aspiraciones por parte de sectores de la dirigencia chilena al querer discutir la soberanía de la Patagonia, la permanencia del invasor inglés en las Islas Malvinas, o la proximidad en la discusión sobre la Antártida, el Plan Económico Peronista nos propone hacer viable el Proyecto Nacional.

## C

La supercrisis no es un callejón sin salida, es un laberinto del que se sale por arriba en la confluencia conceptual de la dirigencia sindical, empresaria, religiosa, política y social, porque el todo es superior a las partes, dice el Plan Económico Peronista citando a Su Santidad, el Papa Francisco.

En este sentido, **hay un punto verdaderamente revolucionario en este Plan. Se propone que sea el confederal de la CGT (Confederación General del Trabajo) quien tenga las acciones de YPF** y por lo tanto conduzca las políticas energéticas en el país, privilegiando la necesidad de tener una producción competitiva para abastecer el mercado interno que avance hacia una reindustrialización del país y para buscar además nuevos mercados externos. **Quién más que el Movimiento Obrero Organizado para defender la producción nacional.**

## D

El mismo sentido de integración, innovación profunda y novedad transformadora tiene la referencia que hace el Plan respecto al Banco Central. Debe dejar de estar conducido por banqueros que orienten la política monetaria al interés especulativo financiero de los bancos y, por el contrario, propone que se encuentre regido por los sectores de la economía real que defiendan el interés federal y sectorial. **Es decir, en el Directorio del Banco Central deben estar los representantes genuinos de la Nación, las provincias a través de sus regiones, los trabajadores organizados y las gremiales empresarias.**

E

Hay un aspecto que me resulta importante destacar en el libro cuyo clima nos señala **un nuevo Espíritu de Época.** La atmósfera cultural del período de la globalización desarrolló un individualismo posmoderno que diluyó el sentido de verdad con un relativismo extremo de la autopercepción. También difuminó las identidades sociales de los pueblos, además de las personales. No es todo; a ese magma hay que agregarle el avance de la pobreza y la miseria en nuestra Patria construyendo un trágico coctel de sufrimiento y desesperación. **El Plan Económico sostiene la necesidad urgente de trabajar por una Nueva Paz Comunitaria. Ese es el sentido de comunidad que propicia el Plan recreando la Patria Libre, Justa y Soberana que nos espera, y cuya guía son los legados de Perón y de Evita.**

Plantea volver a dar valor a nuestra identidad nacional, a nuestros principios y valores, a recuperar la seguridad en las ciudades, el respeto por nuestros mayores, el cuidado de los niños, la justicia social que construimos juntos, mujeres y varones. Propone un sentido de comunidad que valorice a las familias y el trabajo de las mujeres en su seno. Propone un sistema de seguridad social y previsional robusto, ya que el **Modelo de Desarrollo Permanente y Sustentable** que propicia nos permitirá recuperar el pleno empleo.

Junto con esto, otro anuncio tan audaz como innovador. **Promueve una distribución de ingresos que llegue a un 60/40 a favor de los trabajadores, para que el aumento de la productividad beneficie a los trabajadores.** Propicia una educación que permita recuperar oficios y profesiones productivas para la integración de las regiones y la promoción de su desarrollo respetando, considerando y valorando sus particularidades.

TRABAJAR
POR UNA
NUEVA
PAZ
COMUNITARIA

F

El Magno Acuerdo Social, según dice el **Plan Económico Peronista**: "Es Magno por su importancia y trascendencia, es Acuerdo porque siempre la armonía es superior al conflicto y Social porque lo mejor que tenemos es el pueblo"; y observo que estos conceptos, absolutamente originales, van a dar carnadura a la propuesta, lejos de las comisiones creadas sin capacidad de decisión para que todo quede igual.



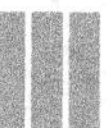

El espíritu de este libro es ofrecer humildemente al conjunto del peronismo y al pueblo en general aquellas propuestas que nos encaminarán hacia una reindustrialización de la Argentina y a una rápida salida de la crisis.

Invito a sus lectores a reflexionar profundamente en una diferencia esencial: ¿queremos una Argentina para todos o vamos a resignarnos al modelo 70/30, que naturaliza que una parte de nuestro pueblo quede excluida para siempre? Es en la toma de conciencia de esta diferencia esencial donde se juega hoy mismo su destino personal, el de su familia y el de los argentinos.

Esta invitación no es una invitación a una erudición frívola para obtener un poco más o un poco menos de conocimiento en economía. Es una invitación a enfrentar una tarea de primer orden. Tan importante es salir de esta decadencia que se convierte en la acción más urgente de la época.

Por ello, les propongo incursionar en los caminos de este libro lo más libres que sea posible, casi desnudos, despojados de todo tipo de preconceptos y prejuicios que solo limitarían la comprensión cabal de su sentido. Me sentiría enormemente satisfecha si este pequeño prefacio ayudase a estimular al lector a adentrarse con entusiasmo en sus páginas y descubrir su impronta revolucionaria. Y si algo de esto llegara a suceder, si por tan solo un momento usted ha podido percibir su aroma, si ha podido sentir algo de su sabor, estoy convencida entonces que humildemente podría llevarlo hasta el umbral del develar –sacar el velo– de una nueva y más rica visión de la realidad. Una visión que contiene, como complemento, el despertar de una nueva dimensión de lo real. Despertar, instante único e impar en el que por unos momentos abrimos las puertas de la percepción para captar con la mente y con el espíritu aquello que no teníamos en cuenta.

Termino. Dije que esta invitación nos llevaría hasta el umbral de una perspectiva más amplia de la realidad. La invitación nos dice "Bienvenidos", nos saluda afectuosamente, nos abre la puerta y ahí nos deja...

Atravesar el umbral... depende de cada uno de nosotros.

PIMPI COLOMBO

10 DE JUNIO DE 2023

# PRÓLOGO AL PLAN ECONÓMICO PERONISTA

## Por Andrea Melo

Los gobiernos argentinos desde 2003 hasta la actualidad (exceptuando la década ganada) han viajado –parafraseando a Eva Perón– de lo sublime a lo ridículo. En lo que va del siglo XXI, salvo la mencionada excepción, no ha habido autoridad plena del gobierno que haya emanado del pueblo argentino, analizando las medidas que vienen conduciendo a nuestra Patria a una especie de destino incierto y deteriorado.

Pero, ¿existe un destino común de los argentinos? Claro que sí, y este es la felicidad de todos sus hijos. Asimismo, el panorama internacional, actualmente, es más afín al Modelo de Desarrollo Económico, Permanente y Sustentable con orientación a la producción que hemos presentado desde Principios y Valores, puesto que el nuevo orden mundial se fue delineando de tal modo que primará el nacionalismo sobre el globalismo, desde la óptica en que miramos.

Sin embargo, está más claro hoy que aquello que iniciamos allá por 2016 (con la gesta de la afiliación masiva al PJ), con esa militancia en modo "desenmascaro", que el planteo de un minucioso estudio económico –y la vuelta a las fuentes efectivas para mantener viva la base filosófica del peronismo– no iba a tener como consecuencia ni una buena cantidad de votos para estar en la carrera electoral ni un crecimiento cuantitativo de la base militante. Al menos, no en el corto plazo, lo cual no quita que tenga sentido y que sea una elección sin arrepentimientos, porque siempre es necesario hacer cosas nobles sin reparos.

Si hay algo que aprendí en estos años de militancia junto al compañero Guillermo Moreno, es que la vida, si tiene un sentido, es tan solo vivirla, y cabe aclarar que la forma de hacerlo, desde la mística peronista, implica no obviar que el camino está lleno de obstáculos, que las cosas nunca son fáciles para los de abajo. Pero así nos hicimos, un 17 de octubre, como pueblo milagrero, afectivo y luchador. Y, pese a todo, hemos de mantenernos fuertes.

Sobre las líneas que a continuación describen nuestro Plan, Moreno volcó una profunda reflexión sobre la actualidad económica y política mundial, proponiendo su aplicación práctica, superando cualquier propuesta de corte liberal-socialdemócrata. En su defecto, sostiene una Argentina Industrial, mediante la implementación de un nacionalismo de inclusión, que se inserte inteligentemente en el mundo, ampliando la frontera de posibilidades de la producción, mejorando el salario de los trabajadores, pagando la deuda sin dañar al pueblo, y aplicando las tecnologías convenientes, con una base filosófica centrada en la organización de la comunidad. Y mientras escribo estas líneas, desde la Segunda Sección Electoral y desde el corazón de nuestra Pampa Húmeda, me pregunto si nos han escuchado los productores agropecuarios, sometidos a un sistema cuasi-feudal. Pues, solo a través de una Ley de Arrendamientos se pueden generar las condiciones de un capitalismo moderno, que los beneficie y los abrace.

Cuando conocí a Guillermo Moreno no sabía cuánto iba a cambiar mi vida al involucrarme en esta gesta. Aunque el camino y el aprendizaje fueran muchas veces incómodos, no me arrepiento de acompañarlo, de lo que he perdido, de lo que he dejado, y de lo que me ha atravesado en todo este periodo de militancia. Dios me bendijo con su amistad y la de mis compañeros de básica. Solo eso da un margen positivo que no ilusamente valoro. Sin idealismos, él es un gran compatriota, como lo hay muchos todavía, gratamente. Su forma de entregarse a una causa colectiva todavía me emociona. Moreno nos impulsa, al fin y al cabo, a desarrollar una fortaleza que, si se trae internamente, se potencia, pues el tiempo de formación de la juventud es un proceso imposible de eludir en términos colectivos, cosa que él se dedicó a hacer.

Pensar la sociedad de abajo para arriba, ordenarla de arriba para abajo, hacer caso al plan maestro de Dios que es, sin duda, ser hombres y mujeres de trabajo y que, a través de esta labor, dialogan con él, son algunas de las premisas de alto contenido humano que, si no queremos degradarnos como raza, hay que sostener y enfrentar con los caminos amorales que se busca imponer sin más.

Como lectora, festejo que en mi biblioteca se encuentre este libro, y que llegue a muchísimas casas de nuestro pueblo para que, en conjunto, como Perón nos legó en la doctrina y Moreno en las siguientes líneas, fortalezcamos nuestro espíritu preparado para la lucha en cuestión. Así, al leerlo, nos referenciamos quienes sentimos que nos debemos a un legado más allá de nuestras individualidades. La mirada de la impotencia humana respecto de que no hay futuro ni pasado, o no existe una mejora posible no nos consuela y no nos conforma.

Decía el General que, como personas, podemos desafiar cualquier contingencia si encontramos una verdad sólida para toda la vida, la cual se constituye en crear una humanidad mejor.

Por eso, *principios y valores* permanentes, ordenadores éticos y morales de una comunidad que contiene, que me ha hecho crecer, madurar y amar la causa del pueblo, para que al progreso material lo equilibremos con espiritualidad.

Tenemos la idea, el valor, el sentimiento y la certeza de que es el camino en el que nos encontraremos todos los argentinos de buena voluntad. Sentimos la militancia como una vocación y por eso desempeñamos distinto roles en nuestro partido y en la organización política. Vale el sacrificio por la unión sagrada de todos los argentinos y su bienestar general.

ANDREA MELO

# PLAN ECONÓMICO PERONISTA

# 1

# EL CARÁCTER Y LOS SUJETOS DEL MODELO ARGENTINO EN LA PRESENTE ETAPA HISTÓRICA MUNDIAL

## Resumen Ejecutivo

# UN MUNDO POCO AFÍN

**Históricamente, el mundo ha confrontado permanentemente con el peronismo, y hasta ahora nos había tocado gobernar en un mundo que no le era afín.**

El surgimiento del peronismo como sistematización de su doctrina se da en el momento en que las dos doctrinas mayoritarias a nivel global –diametralmente opuestas a la nuestra– habían ganado la Segunda Guerra Mundial, y estaban ordenando el mundo: los soviéticos y los norteamericanos, unos marxistas y los otros liberales. **Este ordenamiento configura un mundo que el peronismo entiende que no es el correcto**, y que es contrario a sus principios. En este contexto, a Juan Domingo Perón le tocó administrar los destinos nacionales, sabiendo que su máximo éxito consistía en permanecer en el gobierno. Perón tuvo la magia de no solo administrar, y perdurar, sino también hacer crecer al país, a la vez que instalaba una doctrina –porque también tenía que explicar que *así se podía*-, y para demostrar que *así se podía* debía ser exitoso, aún con el mundo en contra.

GUILLERMO MORENO

# 1.1
# Transitamos la era de los proyectos nacionales



Con su proverbial agudeza, el presidente Perón sostenía: "... se infiere que el problema argentino es un poco el problema del mundo. (...) La política puramente interna ha pasado a ser una cosa casi de provincias; hoy todo es política internacional, que juega dentro o fuera de los países, influenciando la vida de las naciones y de los pueblos en forma decisiva".

Esta idea, de meridiana claridad, mantiene una vigencia manifiesta. Una errada lectura del contexto mundial lleva a nuestro país a transitar por senderos equivocados, perjudicando sus potencialidades.

La Globalización neoliberal-socialdemócrata se encamina rápidamente hacia su desaparición, y con ella su paradigma expresado en el decálogo de "recomendaciones" del Consenso de Washington (CW), y sus instituciones regulatorias, dando origen a un Nuevo Orden Internacional (NOI).

Ello explica que en los últimos años se hayan producido acontecimientos tales como el proceso entrópico que atraviesa Europa, la salida de Estados Unidos del tratado del Pacífico y sus imposiciones, que dieron origen al nuevo acuerdo comercial USMCA (en reemplazo del NAFTA), así como la intención de vastos sectores de la sociedad argentina y brasileña de rever el diseño actual del MERCOSUR.

En este marco, **la nueva era** está caracterizada, principalmente, por:

- La orientación "America First" que tomó Estados Unidos, bajo la presidencia de Donald Trump, a partir de la puesta en valor de su revolución energética;
- El resurgimiento de la Federación de Rusia, con Vladimir Putin, como potencia energética-militar;
- La representatividad que de los pueblos sin voz ejerce el papa Francisco, para que el nuevo esquema resulte más justo que el anterior.

En este contexto, más temprano que tarde, estos tres protagonistas repetirán de alguna manera un protocolo que, a imagen del de Yalta hacia mediados del siglo pasado, establezca áreas de influencia y diseñe las instituciones multilaterales que expresen la nueva realidad.

Asimismo, se van determinando quienes son los ganadores o perdedores de la nueva era, en virtud de si las competitividades de sus economías puedan o no garantizar el trabajo para sus pueblos.

"ESTE ES EL MUNDO QUE ARGENTINA DEBERÍA LEER BIEN Y ESTE ES UN PLAN QUE SUSTENTA LA INSERCIÓN DE NUESTRO PAÍS EN ESE NUEVO MUNDO".

Mientras Estados Unidos cuenta cada vez con más energía abundante y barata, los aparatos productivos de la República Popular China (RPC) y de la Unión Europea (UE), por el contrario, son tomadores de precios de ese insumo fundamental, que a nivel internacional son superiores a los imperantes en el mercado estadounidense.

Complementariamente, otro rasgo relevante del NOI son las políticas de Administración del Comercio Exterior (ACE). Entre otros casos, se destaca EE. UU., que las aplica invocando incluso cuestiones de seguridad y defensa nacional, impactando ello en la penetración comercial de terceros países en su mercado.

**Este aspecto constituye una excepcional ventana de oportunidades para el entramado productivo local y la instalación del Modelo Argentino, ya que el mundo actual facilita los modelos de desarrollo nacional a partir de la puesta en valor de sus propios vectores de competitividad.**



Ahora bien, es fundamental atender a que, en el proceso que va dando fin a la Globalización, los intentos de resolver las crisis económicas en los diferentes países apelando a distintas dosis de los mismos remedios, no solo resultan vanos sino que contribuyen a agravar los problemas.

Del desgaste que ese fracaso produce sobre las representaciones políticas tradicionales, emergen nuevas expresiones, basadas tanto en el rechazo a los "procesos de integración regional" como en el desprecio hacia sectores sociales que cumplen el papel de chivo expiatorio de las desdichas.

Así, en pocos años, estas expresiones del "nacionalismo de exclusión" pasaron a ser la primera o la segunda fuerza política en muchos países, especialmente en el *occidente desarrollado*.

De este modo, si las crisis que atraviesan las economías de Iberoamérica son tratadas con los antiguos manuales de la Globalización, los fracasos tenderán a perpetuarse. O, tal vez, darán a luz proyectos de nacionalismo de exclusión, que desplacen, reconfiguren o reemplacen a las actuales representaciones políticas.

Eludir tales acechanzas en nuestro país dependerá, en gran medida, del camino que se elija para dar sostenibilidad a su propio plan económico.

No hay duda de la presencia de sectores que pretenden obtenerla a partir del infraconsumo de extendidos segmentos de la población.

En sentido contrario, se erige el sendero de un **Modelo de Desarrollo Económico Permanente y Sustentable (MoDEPyS)** orientado a la producción, capaz de objetivar un nacionalismo de integración e inclusión.

## EL VALOR ES EL TRABAJO

Ahora, el mundo ha cambiado, aunque siguen siendo los Estados Unidos y la Federación Rusa las dos grandes potencias que manejan el planeta. En primer lugar, porque colapsó una de las dos doctrinas que lo ordenaban, que fue la de la centralización planificada de la economía, cuya cosmovisión es la del marxismo (un marxismo no exento de contradicciones en su propia construcción, debemos aclarar). Esto sucede en 1989, cuando se inicia una nueva etapa que está caracterizada por el neoliberalismo, un nuevo liberalismo que se aleja de los principios ordenadores de la economía clásica –que es aquella en la que abreva el peronismo, que considera el trabajo como generador del valor, es decir, la Teoría Objetiva del Valor, y que finalmente entiende el capital como una reserva de trabajo acumulado.

Esta ruptura, que se da con la globalización en cuanto a la gobernanza de las economías, tiene su origen en los inicios del siglo XX, en la Primera Internacional Social Demócrata, que es cuando surge la Teoría Subjetiva del Valor, para la que las cosas valen lo que cuestan. Esta idea irrumpe en el sentido común de la población en una forma muy profunda: si las cosas cuestan lo que vale, no cuestan; no hay costo, es el precio el que determina el costo, por lo tanto no hay costo, ya que costo y precio son lo mismo.

Para nosotros, los peronistas, que decimos que "solamente hay una clase de hombre: los que trabajan", que incorporamos el trabajo como ordenador, no hay forma de adscribir a la Teoría Subjetiva del Valor.

**GUILLERMO MORENO**

# I.2
# Principios y Valores
# para un modelo nacional

Si al inminente final del presente ciclo,[1] le sucede un plan económico como es el que aquí proponemos, de sentido antitético al precedente, su verdadera profundidad y persistencia dependerá de la encarnadura que tome entre sus protagonistas.

Vale la pena entonces pensar cuáles serán las mecánicas que permitirán su enraizamiento social, tanto como los principios y valores que determinan la acción individual y colectiva de los ciudadanos y sus representaciones.

Al igual que filosofía y método se retroalimentan hasta alcanzar un todo indivisible, lo propio sucede en la interacción entre el Pueblo y su Estado.

Los conceptos "Nación" y "Pueblo" como "todos" superiores a sus partes, a las que, a la vez, le otorgan significado, lejos de ser unívocos, pueden ser inconciliables, dependiendo de los valores orientadores que los sustentan, tal como hoy se expresa entre los renacidos nacionalismos excluyentes, que se contraponen a los que emergen de la propia tradición del pueblo argentino entre otros jóvenes y mestizos de la Hispanoamérica.

La Patria, concebida como un pueblo en un espacio con una historia y un destino común, en la que todos los hombres y mujeres que quieran habitar en territorio argentino son incluidos, se da de bruces con las



---

1    La devaluación de 2014 podría fungir como el hito que demarca el inicio de este ciclo económico, en un esquema que, bajo diferentes variantes políticas (pero idéntico sustrato en la Teoría Subjetiva del Valor), han conducido a la economía nacional al calamitoso estado en que se encuentra.

concepciones restrictivas de nación que se fortalecen en otros lares y ubican como enemigos del propio bienestar a minorías o extranjeros.

La persistencia de actitudes y discursos discriminatorios (por razones de orígenes étnicos o lugar de nacimiento, económicas, de religión, de edad o de género, etc.), no es compatible (tampoco tolerable) con las mejores tradiciones de nuestro pueblo ni, mucho menos, con un futuro venturoso.

Ya ha sido suficientemente probado como falaz el razonamiento de que el egoísmo individual es el motor del mejoramiento colectivo. Por el contrario, para que cada quien pueda dar lo mejor de sí, el conjunto social debe fungir como garante del bienestar de cada uno de sus integrantes, especialmente de los más desfavorecidos, por lo que, en un modelo de desarrollo exitoso, también debe prevalecer la solidaridad, entre otros principios y valores, por sobre la competencia y la indolencia.

Esto también se vincula con los modos de relación que se impulsan y privilegian para la resolución de las ineludibles tensiones de intereses que todo individuo, grupo o nación experimenta en la interacción con sus pares. Diversos serán los resultados que se obtengan, si los desenlaces son producto de procesos (más o menos) armónicos (síntesis superadoras para los contendientes) o de la confrontación lisa y llana (imposición del más fuerte).

Equilibrar adecuadamente los diferentes *yo* con un *nosotros* no es sino la búsqueda de la expresión de cada una de nuestras individualidades en entidades de orden superior (Pueblo y Nación) que no las anule y que, por el contrario, las potencie y les otorgue la trascendencia de los objetivos perdurables en el tiempo.

Por ello, reiteramos, forma parte de las obligaciones del Estado la promoción y el fortalecimiento de los lazos comunitarios, al igual que la articulación de la acción (entre sí y con las distintas instancias estatales), de las organizaciones intermedias representativas de todos los segmentos del quehacer nacional.

**La comunidad como principio, y su realización como valor, debe ser el continente y el destino de la práctica social, erigiéndose en la clave de la consolidación del Modelo de Desarrollo Económico Permanente y Sustentable (MoDEPyS), construyendo la prevalencia de esta idea, diseñando e implementando un "Modelo Argentino".**

# 1.3
# Crecimiento o Desarrollo



El gobierno anterior[2] puso en evidencia el agotamiento del esquema económico basado en la valorización especulativa-rentística del capital, cuando debió "reperfilar" los pagos de vencimientos de deuda soberana.

Con certeza e independientemente de los deseos o la voluntad del poder político, "vivir de prestado" dejó de ser una opción para la Argentina ya que, una vez cerrada la posibilidad de financiamiento de los desequilibrios macroeconómicos (fiscal y del sector externo) vía empréstitos voluntarios, las circunstancias fuerzan a que la economía solo pueda funcionar en una dinámica de producción que los equilibre.

La actual persistencia en la búsqueda de las soluciones por medio de las sucesivas alquimias financieras, en una continuidad que solo diverge en los márgenes, está condenada al fracaso, ya que por la magnitud de los desbalances de las principales variables macroeconómicas no es posible alcanzar una convergencia óptima mediante correcciones graduales.

---

2    Gobierno de la alianza Cambiemos (2015-2019).

# "VIVIR DE PRESTADO" DEJÓ DE SER UNA OPCIÓN PARA LA ARGENTINA

Pero aún el ingreso a un nuevo ciclo basado en la producción lejos está de ser un sendero unívoco, sino más bien se asemeja a una bifurcación, con salidas que dirigen a distintas determinaciones en la configuración social de la Argentina, duraderas, al menos, por la próxima década.

**Las decisiones de política económica que orienten la recuperación de la actividad definirán si solo tendremos crecimiento, o si este irá acompañado con redistribución del ingreso para convertirse en desarrollo.**

**Allí se define el carácter del modelo que vendrá: si será el de la exclusión o el de la inclusión.**

No requiere particular agudeza entender que cualquier esquema macroeconómico consistente que brinde crecimiento de la actividad resultará superador respecto de este escenario inicial, en el que convergen los efectos de la catástrofe (mundial) de la pandemia de Covid-19 y del desarrollo de las hostilidades de esta III Guerra Mundial en Cuotas, con la prexistente Supercrisis[3] generada por el gobierno de la alianza Cambiemos.

Pero tal vez demande más esfuerzo entender el porqué de nuestra insistencia en desacoplar a la baja los precios internos de los internacionales en materia alimentaria y energética, por lo que invitamos entonces a reflexionar sobre cuál sería el comportamiento de algunos sectores productivos bajo los diferentes esquemas posibles.

Cuando la comercialización se realiza a "precios de paridad de exportación" lo que termina sucediendo es que las familias y las empresas locales compiten con las extranjeras por el mismo bien.

---

3    Definimos como Supercrisis a la situación generada por el anterior gobierno (2015-2019) a partir de la convergencia de los desequilibrios macroeconómicos que, en términos fiscales provocaron el colapso del gobierno de Alfonsín (1989), y en el sector externo, el de De la Rúa (2001).

En la mayoría de las grandes producciones agropecuarias, por ejemplo, el desempeño de la actividad es indiferente respecto del consumo realizado en el mercado interno, ya que lo que no se vende aquí, se comercia en el exterior, especialmente en los casos en que la demanda es más elástica que la oferta.

Examinemos lo sucedido durante la gestión de Cambiemos en el mercado de la carne vacuna, esquema que no ha sido revertido por la actual administración. Cuando la categoría *vaca buena*, consumida fundamentalmente por los sectores populares, comenzó a ser masivamente exportada (especialmente desde la incorporación de China como comprador relevante), su inevitable consecuencia fue que la satisfacción de la demanda externa se realizó a expensas de contraer la doméstica, vía el aumento de los precios internos.

Eso produjo que en "el país de la carne" el consumo anual per cápita pasara de un promedio de 62 kg en 2013, a uno de 44,5 kg en 2022.

Lo propio sucede en el mercado de la leche, dado que los tambos, en general, ofrecen un producto razonablemente estandarizado, a diferencia de sus demandantes, que son industrias que abastecen principalmente al mercado doméstico, o bien están especializadas en productos exportables.[4]

En consecuencia, cuando el precio internacional del commodity se incrementa, aumenta la capacidad de compra de estas últimas, ya que el mayor margen a realizar permite ofrecer un mejor precio para hacerse con la producción tambera. Por su parte, las usinas que necesitan la leche fluida para elaborar productos requeridos por la demanda interna deben igualar ese precio para poder adquirir la materia prima.

No quedan dudas de que el crecimiento de las exportaciones de este producto o sus derivados en un punto colisiona con su asequibilidad en el mercado doméstico.

---

4    El precio en el mercado doméstico que se alinea con el de exportación.

Y así caso por caso: el precio del pan finalmente también depende de la comercialización internacional del trigo.

Es en este orden de las decisiones económicas, donde se va determinando la capacidad de adquirir, o no, los componentes elementales de la mesa de las familias argentinas.

Algo equiparable sucede en cuanto a los precios de la energía, que a su vez representan un costo de significación para una gran parte del entramado industrial.

El gas natural extraído de nuestros yacimientos tanto podría orientarse al consumo interno como al externo. Pero si el precio de comercialización doméstico es idéntico al de paridad de exportación, no queda posibilidad alguna de que complejos industriales energo-intensivos como los del acero o el aluminio puedan resultar competitivos frente a sus pares extranjeros, así como tampoco lo podrán ser los siguientes eslabones de las cadenas manufactureras.

Para establecer un modelo de inclusión es indispensable ampliar la Frontera de Posibilidades de la Producción (FPP), lo que requiere de condiciones adecuadas para la Inversión; y ello a su vez depende de erigir un vigoroso mercado interno, así como de poder mejorar la inserción en los mercados extranjeros.

Entonces, para que el *carácter* del modelo sea de inclusión, es necesario:

- Que el precio de la energía esté asociado con los costos de exploración y explotación (contemplando una ganancia justa y razonable para los eslabones intervinientes), permitiendo la baja de los costos unitarios de todos los sectores productivos, así como también de
- Dotar a los ingresos populares de alto poder adquisitivo, lo que esencialmente se logra

disminuyendo el peso de los gastos alimentarios de las familias, de modo que además puedan realizar otros consumos, cuestión que principal, pero no exclusivamente, depende de los niveles de retenciones a las exportaciones vigentes.

## "LA ECONOMÍA NO ES UNA GUERRA. LA ECONOMÍA SE CONVERSA"

Esta última alternativa es la única que posibilita la puesta en vigor de un Modelo Económico Permanente y Sustentable que, orientado a la producción, sea capaz de contener a todos los habitantes de la Argentina.

Y si bien son los valores de los alimentos y la energía dentro del set de precios relativos los que constituyen las vigas maestras del esquema porvenir, es necesario recordar que en todos los sectores de la producción existen tensiones similares.

No es indiferente la orientación que adquiera, por ejemplo, la industria de la construcción, que tanto puede fortalecerse en el desarrollo inmobiliario del segmento ABC1 (como el de los countries y barrios exclusivos, por ejemplo) como en la infraestructura y las viviendas para el conjunto de la población.

En cada rubro, las compañías que producen bienes y/o servicios deberán decidir si se orientan a los consumidores del segmento "Premium" (o directamente extranjeros), o a la totalidad del mercado doméstico.

Y esto, que en gran parte depende de cuántos argentinos tendrán trabajo y de que los ingresos tengan suficiente poder adquisitivo, a su vez también lo determinará.

La pugna entre los diferentes esquemas de perfil "productivista" posibles se distribuyen en un gradiente entre la sola puesta en marcha de la capacidad instalada ociosa en uno de los extremos, hasta una decidida ampliación de la Frontera de Posibilidades de la Producción, en el otro.

En esta disputa, también se decide si en la Argentina por venir algunos quedarán excluidos o sí, como deseamos, nos dará cobijo a todos en un modelo de inclusión.

## 1.4
# El trabajo y la seguridad social



El análisis de la dinámica del trabajo como factor de producción en los últimos años en el país, nos muestra que:

- El crecimiento vegetativo de la población activa no es absorbido en la misma magnitud proporcional entre trabajo registrado (a la baja) y no registrado (al alza);
- El sector público, durante este siglo, aumenta en la misma magnitud que el crecimiento vegetativo de la población activa y muestra una aceleración en los años finales;
- La disminución del peso relativo del sector privado equivale a una pérdida general de productividad de la fuerza laboral como factor (al margen de lo que suceda al interior de las unidades de negocios en las que, simultáneamente, la productividad puede mejorar), ya que crecen las proporcionalidades del sector público y del cuentapropismo.

Nuestras estimaciones indican que, solo para mantener los niveles de productividad de 2016, deberían haberse sumado más 740.000 posiciones y 1.750 millones de horas trabajadas adicionales a las captadas en 2021, con unas 578 mil personas más en el empleo registrado.

**Para el nuevo Modelo Argentino, el trabajo debe volver a ser la vía de inclusión y de movilidad social ascendente para las grandes mayorías de la Patria.**

**Que todos los empleos sean productivos, formalizados, protegidos, en condiciones que preserven la salud y la dignidad de las personas y permitan el mejoramiento persistente de la calidad de vida de los trabajadores y sus familias, son los objetivos de primer orden en nuestro plan económico y social.**

Es necesario que, además de la decidida ampliación de la Frontera de Posibilidades de la Producción que mencionáramos, exista una sólida voluntad de divorciar a las políticas sociales del mercado de trabajo, para que el empleo sea notoriamente más atractivo y favorable que el acceso a "un plan". En los últimos años se ha seguido la dirección contraria, con misérrimos y demorados seguros de desempleo para los trabajadores formales, sumado al incentivo a las modalidades informales y la llamada "economía popular" con planes sociales que cristalizan esa situación y además permiten obtener, en algunos casos, ingresos equivalentes o superiores a los que se accede mediante el empleo registrado.[5]

Es un imperativo la armonización de las políticas sociales con las políticas de empleo, ya que las características asumidas por las primeras resultan contradictorias con los objetivos de regularización del mercado laboral.

La informalidad en la fuerza de trabajo implica un obvio detrimento en el ejercicio de derechos legalmente reconocidos en tanto carencia de protección en lo inmediato, pero también conlleva un sustantivo impacto, presente y futuro, para el sistema de Seguridad Social,

---

5    Estos datos han sido calculados para la edición 2022. La actualización de los datos estará disponible en la página web de Principios y Valores. www.principiosy-valores.org

ya que es indispensable incrementar el número de aportantes para mejorar los ingresos de los actuales jubilados y pensionados y garantizar la sustentabilidad del beneficio para el momento que lo requieran quienes hoy son activos.

En paralelo y a medida que se van superando los estragos de la emergencia, la asistencia del sistema de protección debería hacer un tránsito paulatino hasta quedar circunscripto a las infancias, los adultos mayores y a quienes, por su condición de vulnerabilidad irreversible, requieran de tal auxilio.

# 2

# LAS MEDIDAS NECESARIAS PARA EL MODELO ARGENTINO

En virtud de que en el Capítulo Cuarto se encuentra el desarrollo completo, en este presentamos un listado de las principales medidas orientadas a resolver los desequilibrios macroeconómicos y la crisis de deuda en simultáneo con la puesta en marcha de un plan que, poniendo en valor los vectores nacionales de competitividad, estimule la oferta de bienes y servicios e integre a través del trabajo y la producción, con ingresos de alto poder adquisitivo, a todas las personas de buena voluntad que habiten el suelo de la Patria.

**Proponemos:**
- Modificar la Ley de Arrendamientos Rurales (con límites estrictos a los que se puede cobrar por el alquiler de las tierras), lo que posibilitará
- aumentar los Derechos de Exportación (DE) a la producción primaria en la Zona Núcleo de la Pampa Húmeda, sin afectar la rentabilidad de los productores;
- incrementar la recaudación, a partir del auspicioso proceso reactivador, que se generará cuando los equilibrios macroeconómicos (Fiscal y Externo) conseguidos aumenten sustancialmente la rentabilidad empresarial y el poder adquisitivo de los Ingresos Populares;
- suscribir un nuevo Pacto Fiscal y que se impregne del nuevo paradigma de incentivo a la producción y al trabajo, consolidando y equilibrando las distintas regiones productivas del país;

- establecer los mecanismos ad hoc[6] que permitan cancelar la deuda de cortísimo plazo (Letras, Pases, etc.) tomada por el BCRA para esterilizar la emisión monetaria provocada por el "fondeo" del Déficit Fiscal Total (DFT);[7]

- que el BCRA conforme su estructura de dirección (cambiando los intereses que representan y los saberes que portan) con representantes de la Nación, de las Provincias (organizadas por región), de las Gremiales Empresarias y de la Confederación General del Trabajo (CGT) y se priorice **el trabajo y la producción:** reconvirtiendo los préstamos del sistema para financiar, mayoritariamente, los proyectos de inversión del Sector Privado, de manera tal que el virtuoso ahorro de la comunidad se canalice correctamente;

- que los agregados constituyentes de la Oferta Monetaria (OM) se encuentren "armoniosamente" con la Demanda Monetaria (DM), previendo que, iniciado el proceso de descenso abrupto de la tasa de inflación, el **quantum de dinero** destinado a las transacciones diarias se incrementará raudamente (dado que no se depreciará su valor), al igual que el precautorio: facilitando el "señoreaje" a partir de la expansión de la OM;

- garantizar, por la espiralización ascendente del nivel de actividad y el auspicio al flujo inversor del ahorro en moneda local, el crecimiento de los depósitos en el sistema financiero, para que el crédito financiero (de

---

6    Estas medidas se tomarán juntamente con otras para prestar atención a los problemas de liquidez que podrían producirse en el sistema financiero, permitiéndole desarrollar una política monetaria de control de la emisión primaria y de expansión del crédito favorable a la producción y el empleo productivo.

7    Sumatorias de los déficits del Tesoro Nacional, los de las jurisdicciones subnacionales y el cuasi-fiscal del BCRA.

corto, mediano y largo plazo) fluya naturalmente hacia las familias y empresas, una vez modificadas las bases del actual esquema especulativo-rentístico;

- limitar la Administración Pública Nacional a ocho Ministerios, aumentando contundentemente la eficiencia y eficacia administrativa, y reducir los subsidios energéticos, consecuencia "natural" de asociar sus precios y tarifas a los costos totales y desacoplarlos de la cotización internacional.

Este es el conjunto de acciones que permitirá sentar las bases de un modelo cuyos cimientos arraiguen en el incremento de la producción con una justa distribución del ingreso, lo que requiere de una alianza indisoluble entre el Capital y el Trabajo, en un **Magno Acuerdo Social** que establezca:

- Los *mercados de referencia*[8] plausibles con nuestro buen vivir.
- Las *tecnologías convenientes*[9] a utilizar, procurando el mejor *estado del arte*.
- Una *nueva distribución funcional del ingreso*, que impida el incremento de la plusvalía relativa,[10] perjudicial para la gobernanza del todo social, cuya meta sea, en lugar del

---

8    Se denomina *Mercado de Referencia* a aquel que, de acuerdo con el estado del arte, y con una correcta interacción entre el Capital y el Trabajo garantiza: un precio competitivo del producto, con costos adecuados, en un entorno de razonable distribución del ingreso.

9    *Tecnología Conveniente*: son aquellos instrumentos y procedimientos que, indistintamente de su complejidad o escala, de producción local o externa, tienen como objetivo proteger los intereses nacionales y mejorar el nivel de vida en la Comunidad. Concepto largamente desarrollado, entre otros, por el Lic. Jorge Zaccagnini.

10    *Plusvalía Relativa* es la cantidad de plusvalía extraída de la fuerza de trabajo por unidad de producción.

antiguo fifty-fifty, una relación de 60-40 entre el Trabajo y el Capital.

Este *espacio de encuentro armónico*, una vez cumplida su tarea, debiera suscitar en su desenlace tanto una mejora en la Competitividad vis a vis el resto del mundo, como una Distribución Funcional del Ingreso que refleje la nueva estructura económica.

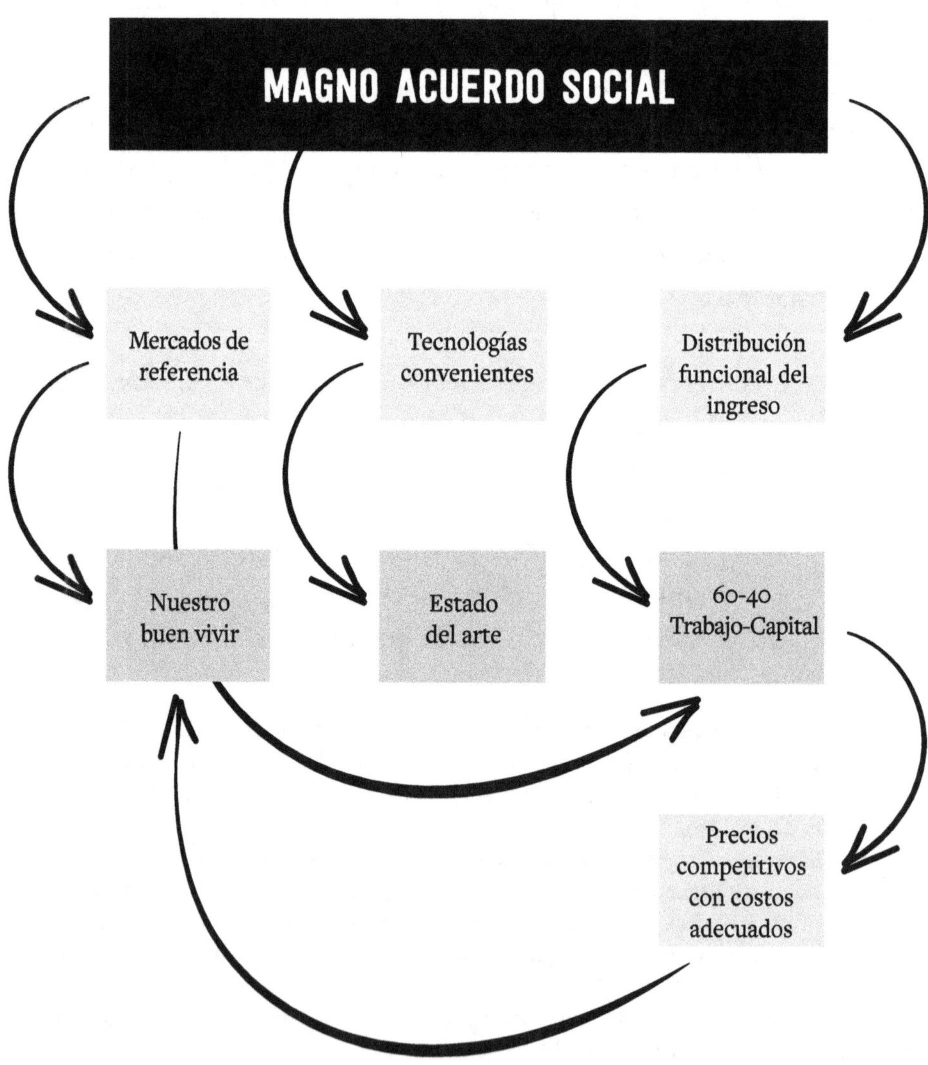

# PARA EL PERONISMO, TODA ECONOMÍA ES POPULAR

# 3

---

# UN LUGAR EN EL MUNDO: ¿CUÁL MUNDO?

# UNA REVOLUCIÓN "DENTRO DEL MODO"

La Globalización que comienza en los años 90 no dura mucho tiempo: se termina en el 2017 con la asunción de Donald Trump como presidente en los Estados Unidos, quien hizo lo que hicimos los peronistas, pero con una capacidad de fuego infinitamente mayor, y con apoyo militar.

Como un representante de la clase dirigente norteamericana, Trump decide cambiar el mundo porque se habían producido un fenómeno muy interesante, que consiste en la tercera gran revolución dentro del modo de producción capitalista. No una revolución exógena, como pudo ser la soviética. No es una revolución que cambia el modo sino una revolución dentro del modo. ¿Y a qué se define revolución dentro del modo? A una baja violenta de los costos de los productos. La primera vez que esto ocurre fue con la Revolución Industrial, la segunda fue la revolución de los procesos (tal como vemos en la película *Tiempos modernos*, de Charles Chaplin). Y la tercera es la actual revolución energética, que se da en Estados Unidos de una manera extraordinaria.

GUILLERMO MORENO

# 3.1
# La bipolaridad de la posguerra

La Conferencia de Yalta, en las postrimerías de la II Guerra Mundial, y la de Postdam a posteriori, configuraron las zonas de influencia y las relaciones entre los países en las décadas que vendrían, sobre dos polos encabezados por EE. UU. en occidente, y la URSS en el "mundo socialista", cuya confrontación se desarrolló bajo la forma predominante de la Guerra Fría.

Como correlato ideológico de tal partición, dos doctrinas de aspiración universalista signan cada polo: el liberalismo y el marxismo. Para la primera, el bienestar de la sociedad deviene de la satisfacción del interés egoísta del individuo; en la otra, de la subordinación de la singularidad de cada miembro al colectivo, aunque en la economía política, ambas expresiones convergen en la **Teoría Objetiva del Valor** (o Teoría del Valor Trabajo - TVT), considerando que el valor de un bien o servicio está determinado por la cantidad de trabajo socialmente necesario para producirlo.

Por lo tanto, el desarrollo y el desempeño de los entramados productivos en los propios territorios es una de las claves tanto del bienestar posible de sus poblaciones como del poderío (económico, político y militar) de cada país y, transitivamente, del bloque en el que reviste.

Al margen de las dos corrientes hegemónicas, durante el período se destacan expresiones diferenciadas, de alcances nacionales, emergentes de las singularidades de sus sociedades, sin alcanzar a constituir un tercer bloque. Tal es el caso del **Justicialismo** en nuestro país, doctrinariamente alejado de ambos polos dominantes, aunque también adscripto a la Teoría Objetiva del Valor.

## DE LA ENERGÍA BARATA AL NACIONALISMO ESTADOUNIDENSE

Como en todos los productos de la actualidad –este libro es un ejemplo–, el insumo necesario más importante para su manufactura es la energía. Todo lo que estamos utilizando en este momento tiene básicamente más energía y menos mano de obra que antes. De modo que quien posea suficiente energía puede abaratar costos. Eso fue lo que ocurrió en Estados Unidos y lo definimos como la revolución energética norteamericana, que tiene su origen por el año 2004, en un discurso que ofrece Bush (h) –un presidente que provenía de una familia petrolera–, en el que expresa su decisión de que los Estados Unidos no pueden depender del abastecimiento energético de terceras potencias, y genera incentivos a todo tipo de nueva energía. Además de la inversión en el desarrollo de los biocombustibles (que disparó el precio del maíz y la soja, lo que benefició enormemente a nuestro país en su momento), el impulso de la investigación devino en la tecnología necesaria para la explotación del petróleo y gas de esquisto. Estos yacimientos, ubicados entre Chicago y Nueva York, son conocidos desde hace unos 70 años, pero no se contaba entonces con el avance tecnológico necesario para su extracción. Además, por su locación, el abastecimiento de las grandes ciudades también resulta más económico.

Lograron así la baja de los costos primos y recuperaron una competitividad excepcional frente a los países que se habían aprovechado de la globalización, es decir, Alemania y la República Popular China, que habían logrado ingresar a la zona de confort de los estadounidenses.

Para el 2010 no solo logran el autoabastecimiento, sino que tienen excedente. Es así como Estados Unidos inaugura su nacionalismo.

**GUILLERMO MORENO**

## 3.2

# La Globalización

La Guerra Fría, que tipificó al mundo durante décadas, quedó atrás con la desintegración del bloque socialista y la caída del muro de Berlín.

El conjunto victorioso, liderado por los EE. UU., impuso su supremacía en las relaciones internacionales, dando origen a un orbe "unipolar" (salvo excepciones), al que conocimos como "Globalización", definiendo sus *teas votivas* en las premisas a las que se dio en llamar el Consenso de Washington y su decálogo.

La cosmovisión que suplantaría las dominancias ideológicas del anterior ordenamiento fue la del **neoliberalismo-socialdemócrata,** sustentando sus postulados económicos en la **Teoría Subjetiva del Valor,** por la cual el valor de los bienes o servicios resulta de la disposición de los sujetos a considerar aceptable un determinado monto de dinero para su adquisición.

Así es que, en esta etapa, la economía se caracteriza por la deslocalización en la elaboración de las manufacturas y el libre comercio irrestricto en detrimento de los entramados productivos domésticos (aparejando severos conflictos al interior de esas sociedades y una inédita regresividad en la distribución del ingreso), junto a la valorización financiera del capital imponiéndose por sobre la economía real.

PARA NOSOTROS, LOS PERONISTAS, QUE DECIMOS QUE "SOLAMENTE HAY UNA CLASE DE HOMBRE: LOS QUE TRABAJAN", QUE INCORPORAMOS EL TRABAJO COMO ORDENADOR, NO HAY FORMA DE ADSCRIBIR A LA TEORÍA SUBJETIVA DEL VALOR.

En la arquitectura de este orden, hegemónico y excluyente, las instituciones nacidas en Bretton Woods,[11] fungieron como pilares fundamentales: el FMI como regulador del sistema financiero internacional, el Banco Mundial como la herramienta principal de financiación multilateral y el reemplazo del GATT por la OMC.

Este reemplazo fue de vital importancia en la construcción del nuevo orden. Dos características fundamentales diferenciaron a la OMC del GATT: la primera, que las conclusiones a que se arribaran en la OMC serían mandatorias, ya que si no se cumplieran darían lugar a retaliaciones contra los países que no las aceptaran; la segunda, la inclusión de capítulos en el Acuerdo que nada tenían que ver con el comercio de mercancías pero que respondían a claros intereses de la potencia dominante y de algunos de los países más desarrollados: los derechos de propiedad intelectual, las compras gubernamentales y cuestiones relativas a los servicios. Lo notable es que en el capítulo de los derechos de propiedad intelectual se otorgaba un monopolio a los titulares de las patentes, cuestión que no tenía nada que ver con un mundo competitivo como el que se proclamó.

Este estado de cosas se sostuvo en representaciones políticas que tanto abrazando el catecismo neoliberal o con aparentes cuestionamientos sobre los márgenes (socialdemocracia), a modo de dos caras de una misma moneda, entienden el funcionamiento económico a partir de la Teoría Subjetiva del Valor.

---

11    Poco antes de la finalización de la II Guerra Mundial, los países futuros ganadores reunieron a sus representantes en la Conferencia de Bretton Woods, de donde emergerían tres instituciones fundamentales para el mundo capitalista (ya que los países alineados en el "bloque socialista" no llegaron a formar parte o se retiraron rápidamente de ellas): en primer término, se creó el Fondo Monetario Internacional (FMI), seguido por el Banco Internacional de Reconstrucción y Fomento (BIRF), hoy componente del Banco Mundial (BM).

## 3.3

# La emergencia de un Nuevo Orden Internacional

Los modelos universalistas dominantes en el siglo xx, con sus pretensiones de uniformidad en los planos de la economía, la política y la cultura, van cayendo en la obsolescencia.

**El apogeo de la Globalización neoliberal-socialdemócrata se encamina rápidamente hacia su desaparición, y con ella su paradigma expresado en el decálogo de "recomendaciones" del Consenso de Washington (CW), y sus instituciones regulatorias, dando origen a un Nuevo Orden Internacional (NOI).**

Ello explica que en los últimos años se hayan producido acontecimientos tales como el proceso entrópico que atraviesa Europa, la salida de Estados Unidos del tratado del Pacífico y sus imposiciones que dieron origen al nuevo acuerdo comercial USMCA (que reemplazó al NAFTA), así como la intención de vastos sectores de la sociedad argentina y brasileña de rever el diseño actual del MERCOSUR.

**El surgimiento del Nuevo Orden Internacional (NOI) se caracteriza por la puesta en valor de los vectores de competitividad de las economías nacionales y se desarrolla en una dinámica de fondo esencialmente confrontativa, una lucha sin concesiones por la determinación de cuáles son los pueblos que tendrán trabajo y cuáles lo perderán.**

Las representaciones políticas adscriptas a los paradigmas universalistas de las etapas precedentes, depositarias de las frustraciones de las sociedades, tienden a ser sustituidas (o mutar hacia) distintas manifestaciones de inspiración nacionalista.

Y, en ese reordenamiento paulatino de las relaciones internacionales, cada vez más ajeno a las premisas del Consenso de Washington, la mutación adquiere diferentes características y velocidades, conforme se van redefiniendo a su vez las relaciones comerciales entre los países.

El punto de inflexión entre ambos *sistemas de relaciones internacionales* (mucho menos estridente que la finalización de una guerra mundial o la disolución del bloque socialista) fue el drástico cambio de enfoque que los Estados Unidos imprimieron a sus políticas, interna y externa, desde la asunción de Donald Trump, en enero de 2017, bajo la consigna "America First", cuya *condición de posibilidad* fue la *revolución energética estadounidense* (ut infra explicada) que funge como sustrato de tal viraje.

En ese marco, es conveniente analizar la realidad internacional a partir de dos tipos de conflictos que Estados Unidos (única potencia que expresa de manera concurrente su hegemonía política, económica y militar) enfrenta con determinados espacios regionales y/o países:

- Los de "primer orden", económicos, donde la disputa es con la Unión Europea (UE), tal cual está diseñada actualmente (sin la inclusión del Reino Unido) y con la República Popular China (RPC).
- El de "segundo orden", de carácter geopolítico, con la Federación Rusa (FR).

### 3.3.1

## La Revolución energética estadounidense

En 2007 el entonces presidente norteamericano, George W. Bush, abogaba por reducir la dependencia energética que sufría su país.

Concomitantemente con ello, los avances tecnológicos le permitieron a EE. UU. incrementar la disponibilidad de petróleo y gas mediante la explotación de esquisto (*shale*), con una relevante disminución de su precio, y en consecuencia de los costos primos unitarios de los bienes manufacturados.

Esta caracterización tipifica aquello que, desde hace varios años, venimos mencionando como *revolución energética norteamericana*, denominación ratificada por el propio Donald Trump.

Ello permitió, por ejemplo, que sus compañías cuenten hoy con gas natural a menos de la mitad del valor del que sus pares pagan en la UE.

Justamente esa región, al igual que la República Popular China (que habían penetrado la zona de confort de Estados Unidos) deben abastecerse de combustible por proveedores que no están interesados en bajar significativamente los precios (Federación de Rusia) o atraviesan situaciones por las que no pueden aumentar y estabilizar los volúmenes de abastecimiento (Medio Oriente).

Adicionalmente, las decisiones del gobierno de Trump respecto a la administración del comercio exterior, incluyendo la parálisis de la OMC, dificultaron el acceso de la producción foránea a su mercado e intensificaron la actual "guerra comercial" con China, orientación general que no ha cambiado con el traspaso del poder al Partido Demócrata en la persona del actual presidente, Joe Biden.

## 3.3.2

## La III Guerra Mundial en Cuotas

En términos militares, los Estados Unidos han desplazado su interés estratégico desde la OTAN hacia el reciente AUKUS, la alianza de seguridad en el Indo-Pacífico anunciada por los gobernantes de EE. UU., el Reino Unido y Australia, que no solo tensó las relaciones con China y Europa a un mismo tiempo, sino que implica, a su vez, el establecimiento de un acuerdo tendiente a imponer el predominio de sus componentes en el sur del Atlántico, vía las bases británicas en Malvinas, y en el Pacífico y el Índico, vía Australia, bajo la concepción de que los mares son un continuo que abarca el orbe, mientras que los territorios están sujetos a límites.

**En paralelo, la disputa de EE. UU. con la Federación Rusa sigue siendo un conflicto de segundo orden. Entre ambos países hay un acuerdo que tiñe toda la relación a partir de una condición objetiva: ninguna de las dos naciones desea que la UE ni la RPC reciba energía fósil con precios a la baja que les permitiera recuperar capacidad competitiva.**

Adicionalmente, existe un respeto mutuo en el ámbito militar, dada la cantidad y calidad de las armas de destrucción masiva que ambos contendientes poseen.

Es bajo el paraguas de ese pacto tácito que se establecen las disputas por la distribución de las zonas de influencia en el mundo, como es el actual conflicto en Ucrania.

El diferencial de recursos productivos permite avizorar el desenlace de los conflictos de primer orden, donde la UE y la RPC se replegarán y los Estados Unidos recuperarán y/o ampliarán el espacio que supieron obtener en la segunda posguerra, colocando a su entramado productivo en una nueva "zona de confort".

Mientras que las fricciones en diferentes regiones del orbe constituyen las acciones previas a que cada uno de los actores principales, la FR y los EE. UU., consoliden sus respectivos espacios de influencia.

Es previsible entonces que ambos eludan llegar a una confrontación generalizada, pues lo que pondrían en juego (que podría llegar a ser, incluso, su propia existencia) es más de lo que obtendrían en caso de una victoria.

Desde la perspectiva de los intereses de la Federación Rusa, previsiblemente se circunscribirán al restablecimiento de un "cinturón de seguridad" en las regiones limítrofes involucradas, especialmente los territorios al este del río Dniéper, entre sus fronteras y el Mar Negro, y al despeje de futuras amenazas militares desde Ucrania y el litoral marítimo, sin mayores modificaciones en su papel de proveedor privilegiado de energía fósil de la UE y la RPC.

Mientras que permanece sujeto a la evolución de las disputas internas de la clase política y los diversos sectores del establishment estadounidense, cuyas diferencias de enfoque son públicas, la determinación de la intensidad de las fricciones con Rusia, siempre en el marco de los límites antes señalados, sin posibilidades de confrontación generalizada.

El otro escenario determinante está situado en el Mar de la China, en el que se discuten las divisorias de las zonas de influencia entre los EE. UU. y sus aliados por una parte y la RPC por la otra, en derredor del estatus de la isla de Taiwán.

El postulado de una única China comienza a ser cuestionado por las potencias occidentales, de modo que otro conflicto de "medianera" comienza a desplegarse en el Océano Pacífico.

Si la evolución de la confrontación se eleva hasta alcanzar instancias que comiencen por modificar el flujo de mercancías en el comercio internacional de la RPC, las consecuencias serían sustantivas, incluyendo el impacto que supondría en las exportaciones argentinas de sus principales commodities. Mucho más en la medida que, finalmente, contraiga la capacidad del entramado manufacturero chino.

EL PERONISMO NO ES AHORA UNA DOCTRINA A CONTRACORRIENTE, NO PORQUE HAYA CAMBIADO EL MOVIMIENTO SINO PORQUE ES EL MUNDO EL QUE CAMBIÓ. POR PRIMERA VEZ, EL MUNDO ES FAVORABLE A LA DOCTRINA PERONISTA.

# LA REIVINDICACIÓN DE LOS PUEBLOS

En esta nueva conformación del mundo, tiene un papel protagónico el papa Francisco, cuya gran confrontación es con la globalización. Desde hace algunos años, el Papa ha comenzado a hablar de los pueblos, que es el núcleo duro de la antítesis de la globalización. De ese modo, se reivindican los nacionalismos. Tenemos en el mundo dos tipos de nacionalismos: el de exclusión, que es el europeo, donde un pueblo construye su identidad destruyendo al distinto. Y por otro lado, está el nacionalismo americano, sobre todo el argentino, donde un pueblo construye su identidad incorporando al distinto. De modo que Argentina es un crisol de verdad, ¡y es una cosa extraordinaria! Pues en esa diversidad reside su riqueza. En la enorme diversidad de este pueblo es que nace una doctrina distinta: la peronista.

El peronismo no es ahora una doctrina a contracorriente, no porque haya cambiado el movimiento sino porque es el mundo el que cambió y, por primera vez, es favorable a nuestra doctrina.

Los nacionalismos vuelven a ser una realidad. ¿Cuál de los nacionalismos? Esa es una discusión que estamos transitando. ¿Levantamos muros o levantamos puentes? Por supuesto, tal como en el nacimiento del peronismo, elegimos los puentes, elegimos la riqueza de la diversidad.

El mundo sigue siendo desigual y no creemos que sea correcto. Por eso mismo, este no es un modelo solo para la Argentina, sino que es un modelo para todos los pueblos.

GUILLERMO MORENO

# PERONISMO PARA TODO EL MUNDO

Empezamos en la Argentina, pero el peronismo es para todos los pueblos, porque su objetivo es terminar con la pobreza no solo en nuestra tierra, sino en todo el planeta. Fracasaron los marxistas, fracasaron los liberales, los neoliberales, los socialdemócratas y fracasaron los nacionalistas de exclusión. En cambio, en América hay un nacionalismo distinto. Cuando en el mundo se terminó la globalización y se debate alrededor de los nacionalismos, los peronistas decimos "presente". Quizás nuestros bisnietos vean un mundo peronista.

**GUILLERMO MORENO**

# LOS DÍAS MÁS FELICES FUERON Y VOLVERÁN A SER PERONISTAS

PERO NO SOLO PARA EL PUEBLO ARGENTINO, SINO PARA TODOS LOS PUEBLOS DEL MUNDO

### 3.3.3

## En Hispanoamérica también

Las transformaciones del orden internacional también impactan en los países de la Iberoamérica, condicionando los sistemas de relaciones comerciales a las disputas de "primer orden" y forzando redefiniciones de los tratados regionales.

Al tiempo, como sucediera en el "occidente desarrollado", las representaciones políticas que lideraron los estadios previos desde el neoliberalismo o la socialdemocracia quedan cuestionadas y, en no pocos casos, siendo reemplazados por emergentes novedosos, como en los casos de Brasil, México, Perú, Chile y Colombia.

Es esta una dinámica en la que, para nuestro país, también se van haciendo cada vez más evidentes los límites del MERCOSUR, ya que, si luego de más de tres décadas desde la "Declaración de Foz de Iguazú" los impedimentos de la integración continúan, ello no se debe (centralmente) a falta de voluntad o pericia política de los poderes ejecutivos, sino a la ausencia de complementariedad entre las dos economías más importantes del bloque.

Sin importar de cuál bien o servicio se trate, en general, las empresas brasileñas y las argentinas disputan los mismos clientes, incluso en sus mercados internos, ya que se trata de entramados productivos que compiten entre sí.

No caben dudas de que el diseño de un nuevo ciclo de integración económica, adaptado a las necesidades de nuestro modelo de desarrollo, requerirá, además de redefinir la relación con Brasil, extender los horizontes de nuestro intercambio comercial en un esquema de articulación en el que la producción argentina llegue, entre otros destinos, cada vez más al norte del continente.

**En el nuevo amanecer de nuestra Patria, nuestro mejor futuro estará en saber integrar a todas las naciones hispanoparlantes de América del Sur, en un conjunto armónico de economías**

**complementarias, alrededor del eje Caracas-Bogotá-Lima-Buenos Aires, recuperando así la gesta sanmartiniana.**

Atrás queda la Globalización que, como orden hegemónico excluyente durante tres décadas, en términos de representaciones políticas, predominantemente se expresó a través de formaciones de identidad neoliberal o socialdemócrata, que disputaron el acceso a las riendas de los estados en el marco de las democracias representativas, como tendencia general.

Reaccionando al aumento de la desigualdad por la brutal concentración de la riqueza y el ingreso, los grupos sociales perjudicados (o directamente excluidos) fueron poniendo límites al antiguo orden, determinando la emergencia de nuevas expresiones políticas que, como dijimos, generalmente asumen sesgos nacionalistas alejados de idearios totalizantes.

Los enfoques que hoy parecen erigirse como caminos de superación de los antiguos idearios representan, esencialmente, la posibilidad de la restitución de las esperanzas del bienestar para los contingentes castigados en el pasado reciente.

Pero, en no pocas oportunidades, esta aspiración a la ampliación de la prosperidad demarca también una nueva línea imaginaria que, establecida desde determinadas visiones ideológicas, define a priori a los actores que serán excluidos de la distribución de los beneficios.

Y no hablamos del papel moneda (aunque quede abarcado), sino de su conversión en bienes y servicios.

Estos tiempos de redefinición de las representaciones entrañan tanto la posibilidad de irrupción de los nacionalismos de exclusión como la oportunidad de parir proyectos nacionales integradores e inclusivos.

Nuestra Patria seguramente no quedará ajena a estos itinerarios.

**De allí que el diseño y puesta en marcha de un Modelo de Desarrollo Económico Permanente y Sustentable (MoDEPyS), con orientación a la producción, capaz de objetivar un nacionalismo de integración e inclusión, resulta más que urgente: indispensable.**

# 4

# DEL LABERINTO SE SALE POR ARRIBA

## UN CÍRCULO VIRTUOSO

El primer paso –aunque no el único– para salir adelante es promulgar la Ley de Arrendamientos Rurales, que nos permitirá bajar el costo del productor agropecuario en la Zona Núcleo de la Pampa Húmeda. Habiendo bajado el costo, logramos la baja del precio de venta de su producción mientras mantiene su tasa de ganancia.

Entonces, al subir las retenciones al nivel adecuado, generamos dos efectos: Un primer efecto "para afuera", que es reunir el dinero para pagar la deuda externa. Estamos hablando de unos 8 o 10 mil millones de dólares, que alcanzan perfectamente para negociar sin que nadie nos pueda decir que no. Lo segundo y casi más importante (porque la deuda es solamente dinero) es que con esto logramos bajar el precio de la comida, porque desalineamos el precio internacional del precio local. El pan en la Argentina tiene que estar muy barato. El pan de fonda, el pan grande, de unas seis piezas el kilo, debe ser muy accesible para todo el pueblo. Con este producto, el panadero gana plata. ¿Cómo obtiene ganancia? Autorizamos que el pan popular esté barato, pero en todos lo demás productos que vende (sánguches de miga, facturas, etc.) permitimos que haga la diferencia. Aunque para eso también le tenemos que bajar el precio a la energía, que es otro de los pasos que tomaremos en simultáneo.

Al bajar el precio de la comida, conseguimos que le sobre plata a la gente para comprar otras cosas. El pueblo viene con mucha demanda insatisfecha; inmediatamente va a salir a comprar las cosas que necesita. Así es que lograremos generar la demanda necesaria para reindustrializar el país, no para comprar productos chinos y acrecentar el déficit comercial, sino para reactivar la industria nacional. Para eso también debemos administrar el comercio exterior. Decidiremos qué productos entran en importación y qué productos no entrarán.

Volviendo al pan, el esquema que habíamos desarrollado e implementado con éxito durante la Década Ganada era el siguiente: el precio del kilo de harina multiplicado por 3 nos daba el precio del pan de fonda. Hoy en día, el factor multiplicador está en 5, por el alto precio de la energía.

Entonces, ¿cómo bajamos el precio de la energía? Haciendo costos. **Las cosas no cuestan lo que valen, sino que cuestan lo que cuestan, y para saber lo que cuestan hay que "hacer costos".** Entre el precio de venta y el precio de costo, se obtiene una ganancia en el límite.

Si las empresas son rentables porque les bajamos el precio de la energía y ya tienen la demanda, tienen que empezar a producir. El mercado ya está creado: vuelven las bicicletas, las camisas argentinas, las zapatillas, los libros...

Así empieza el círculo virtuoso de más trabajo, más masa salarial y todo lo que acabo de contar se empieza a multiplicar. Eso nos da como resultado crecimiento.

GUILLERMO MORENO

# 4.1.
# La Supercrisis actual



La crisis financiera internacional de 2008 trajo, entre sus principales derivaciones, un retroceso de la valorización financiera del capital (con una formidable destrucción devalores especulativos) y el retorno a la supremacía de la economía real en los Estados Unidos, que de la mano de segmentos orgánicos de su establishment y bajo las nuevas condiciones de la "Revolución Energética Estadounidense" aceleraron la baja de costos en las manufacturas.

En nuestro país, ello implicó un límite insalvable al modelo de acumulación vigente, basado en el estímulo a la demanda, que no fue debidamente reorientado hacia la potenciación de la oferta, iniciando un proceso de pérdida de competitividad sistémica.

**La devaluación de 2014 podría fungir como el hito que demarca el inicio de un esquema que, bajo diferentes variantes políticas (pero idéntico sustrato en la Teoría Subjetiva del Valor), han conducido a la economía nacional al calamitoso estado en que se encuentra.**

De allí a la fecha, encontramos como factores comunes:

- una estrategia fiscal de déficit sistemático cada vez más insostenible,

- un persistente saldo negativo en la Cuenta Corriente de la Balanza de Pagos, y
- una política monetaria que incentiva el crecimiento del Déficit Cuasifiscal.

El deterioro se acelera con la llegada al gobierno de la alianza Cambiemos, que insiste en un proceso de apertura y alineamiento de los precios internos con los internacionales, en el mismo momento en que, en dirección inversa, a partir de la asunción de Trump en los Estados Unidos, la Administración del Comercio Exterior (ACE) vuelve a ser un poderoso instrumento de protección y estímulo de las producciones fronteras adentro.

Como consecuencia de aquella política, los precios de los alimentos pasan a ocupar una significativa porción de los ingresos de trabajadores activos y pasivos, impidiendo consumos menos esenciales, contrayendo el mercado interno.

Asimismo, la valorización de la energía a precio de commodity (y no en virtud de los costos de producción) privó a las empresas, y en especial a las energointensivas, de un vector de competitividad clave.

Sostenidamente, el desplome de la economía pretendió ser reemplazado por el gasto público, en un espiral en el que cada vez se recauda menos y por el otro se gasta más.

Con el estallido de la crisis de deuda de 2018, que deriva en el endeudamiento con el Fondo Monetario Internacional, queda configurado un escenario en el que convergen los desequilibrios fiscales de 1989 con los del sector externo de 2001, por lo que ambos fenómenos se potencian mutuamente generando las condiciones de la "Supercrisis" que seguimos atravesando.

La dominancia de las ideas propias del período de la "Globalización" (sea en su vertiente neoliberal o en la socialdemócrata) acota la búsqueda de soluciones a la vía de las sucesivas alquimias financieras, lo que se asemeja a la estrategia de cavar más hondo para salir del pozo, de lo que se deriva que los intentos de corrección gradual de los desequilibrios macroeconómicos hacia una convergencia óptima están destinados al fracaso.

La Argentina se debate hoy entre diferentes propuestas.

Desde las formaciones políticas de mayor representatividad institucional, la insistencia en la prolongación sin solución de continuidad del actual esquema, con permanentes correcciones en el margen que eviten el estallido de las tensiones incubadas en los exuberantes desequilibrios en el orden fiscal y externo.

Con diferentes estrategias, proporciones y gradientes, ello equivale a resignarse a un país particionado entre quienes logran acceder a niveles de vida dignos, a partir de la inserción en el mercado de bienes y servicios, y una extendida proporción de la población en condiciones declinantes cuya única inclusión posible dependerá de la asistencia de los sistemas de seguridad social.

Por fuera de ello, se yerguen propuestas orientadas a restablecer abruptamente los equilibrios macroeconómicos elementales, vía estrategias como la de dolarización o convertibilidad, dejando en la más absoluta de las exclusiones a voluminosos contingentes de compatriotas que serían prescindibles.

Pero la resignación a la decadencia de la Patria y la exclusión de los sectores populares siguen siendo opciones inaceptables.

**Una Argentina verdaderamente próspera, justa e inclusiva es posible en la medida en que seamos capaces de articular un movimiento nacional de inclusión, basado en un Modelo de Desarrollo Económico Permanente y Sustentable (MoDEPyS), con orientación a la producción.**

**La Supercrisis no es un callejón sin salida, sino un laberinto del que se sale por arriba, mediante la Mancomunión Conceptual de la dirigencia: sindical, empresaria, religiosa, política y social que**

construya la prevalencia de la idea, tantas veces vertida por Su Santidad Francisco, de que "el todo es superior a la parte".

Y el establecimiento de un Modelo Argentino: solo será posible con un Plan Económico que, articulando el diseño monetario, fiscal y de los ingresos correspondientes a los factores de producción, se oriente a la búsqueda del Superávit Fiscal Primario, que facilite el equilibrio de las cuentas públicas y que impacte positivamente en la hoja de balance del Banco Central de la República Argentina (BCRA), y un robusto saldo favorable de la Balanza Comercial que tienda a equilibrar el Sector Externo.



## EL COMERCIO QUE DISTRIBUYE EL INGRESO

Aumentar la producción sin aumentar el precio es lo que precisa el pueblo. Para eso, el gobierno tiene que dividir las áreas correctamente. Mientras los secretarios de las diferentes áreas productivas se encargan de aumentar la producción, el secretario de Comercio se encargará de los precios, a la vez que ordena el excedente. Porque si tenemos los costos y tenemos el precio de venta, sabemos exactamente cuál es el excedente; la suma de todos esos excedentes es la plusvalía de la sociedad, de los que trabajan. Finalmente, tenemos que repartir ese excedente entre los distintos estratos de tal manera que mejore la distribución del ingreso.

Le tenemos que decir al acopiador de cartón, por ejemplo, que pague un poquito más el cartón, para que a los muchachos que van por la calle juntándolo les vaya mejor. Si, además, bajamos los precios de los alimentos, y el recolector cobra un poco más, va a tener dinero para los remedios, ropa, o para comer carne de vez en cuanto, y le va a ir mejorando la salud y la calidad de vida.

Tal es la distribución del ingreso que generamos en el comercio.

Si a su vez emparejamos un poco los precios entre el hipermercado y el almacén de barrio (la igualdad de precio es imposible, pero es imperativo proponerse achicar esa brecha), la reactivación económica se distribuye mejor aún, alcanzando a más comercios y más personas.

Por supuesto, hay detalles que tendremos que ordenar con la gente de la publicidad, para que se promocionen más los productos nacionales que los importados. Si Leo Messi aparece con zapatillas importadas todo el tiempo, lo que se vende es el calzado que promociona y no la zapatilla nacional. Estas cosas no se imponen, se negocian. De todos modos, el empresario siempre gana plata. Lo que debemos conversar es el límite que impone el bien común, en virtud de construir una comunidad organizada, en la que los empresarios entienden que no ganan dinero para ellos, sino para todos.

**GUILLERMO MORENO**



# 4.2
# Un Magno Acuerdo Social

Aquí proponemos las medidas instrumentales necesarias tanto para la resolución de fondo de los desequilibrios macroeconómicos como para que los precios de la energía y de algunos alimentos sean la clave de un salto cuantitativo y cualitativo para la producción de la inmensa mayoría de las empresas domésticas, extendiendo sus efectos beneficiosos sobre el poder adquisitivo de los ingresos populares.

De ello depende que podamos alcanzar el pleno empleo y con salarios de gran capacidad de compra. Sin lograrlo, una parte importante de la población quedará sin acceso al bienestar material.

Es que el camino para la erradicación de la pobreza no pasa por "entregar billetes", sino por garantizar la suficiencia y la accesibilidad de los bienes y servicios para que todas las familias tengamos una vida digna y seamos un pueblo feliz.

**Tenemos plena conciencia de que la simplicidad con que se formula y comprende esta propuesta no se corresponde con las dificultades de su implementación.**

Pero también la tenemos respecto de que cualquier otro enfoque será incapaz de transponer los estrechos márgenes a los que queda condenado nuestro aparato productivo si no se distribuyen los beneficios redundantes expresados en las Rentas Extraordinarias.[12]

> En este marco, un Magno Acuerdo Social es el instrumento base de la alianza entre el Capital y el Trabajo indispensable en la búsqueda del incremento de la producción con una justa distribución del ingreso.
>
> **Es Magno por su importancia y trascendencia; Acuerdo porque siempre "la armonía es superior al conflicto" y Social, porque "lo mejor que tenemos es el Pueblo".**

La historia argentina reciente ilumina en rededor de su convocatoria, y en los consensos que, el presente, debería alcanzar:

- La búsqueda de los *mercados de referencia* plausibles con *nuestro buen vivir.*
- La determinación de las *tecnologías convenientes* a utilizar, procurando el mejor *estado del arte.*
- La nueva *distribución del ingreso:* que impida el incremento de la *plusvalía relativa,* perjudicial para la gobernanza del todo social.

En consecuencia, este espacio de encuentro armónico, una vez cumplida su tarea, debiera suscitar en su desenlace: tanto una mejora en la Competitividad vis a vis el resto del mundo, como una Distribución Funcional del Ingreso que refleje la nueva estructura económica.

----

12  Rentas extraordinarias en la economía son aquellos beneficios redundantes, que se generan en el mercado, independientemente del trabajo humano, y se obtienen a partir de ejercer la exclusividad de explotación de algún recurso natural.

Este punto de arribo, teniendo como referencia que "no hay realización individual sin realización del conjunto": amerita decisiones instrumentales que, desde el "punto cero", conduzcan el proceso en esa dirección.

# 4.3.

# El Plan Económico

## 4.3.1.

## Su diseño fiscal

**Evolución Resultado de Caja Sector Público Nacional**
Moneda homogénea promedio 2022 (IPC)
Medida en U$S cot. oficial promedio 2022 mM

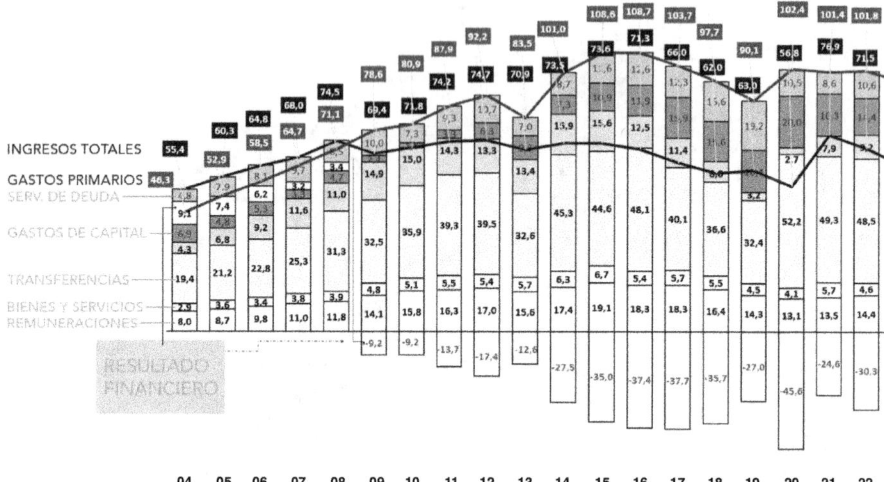


En el momento "cero" de la ejecución del plan el "decisor político" pondrá a prueba su "compromiso con la bondad y la templanza" avanzando raudamente en la eliminación del Déficit Fiscal Total (DFT),[13] con acciones contundentes sobre los Ingresos Públicos basadas en:

- la modificación de la Ley de Arrendamientos Rurales (con límites estrictos a los que se puede cobrar por el alquiler de las tierras), que posibilitará un aumento importante de los Derechos de Exportación (DE) a la producción primaria en la Zona Núcleo de la Pampa Húmeda, sin afectar la rentabilidad de los productores, entregándose en compensación, a los propietarios, un bono a largo plazo, en moneda dura, con un retorno adecuado y negociable en el mercado secundario,

---

13 Sumatorias de los déficits del Tesoro Nacional, los de las jurisdicciones subnacionales y el cuasifiscal del BCRA.

- el incremento de la recaudación, producido por el auspicioso proceso reactivador, que se generará cuando los equilibrios macroeconómicos (Fiscal y Externo) conseguidos aumenten sustancialmente la rentabilidad empresarial y el poder adquisitivo de los Ingresos Populares,
- la suscripción de un nuevo Pacto Fiscal que, modificando de cuajo al vigente basado en las recomendaciones del Consenso de Washington, se impregne del nuevo paradigma de incentivo a la producción y al trabajo, consolidando y equilibrando las distintas regiones productivas del país, y un análisis exhaustivo de los Gastos incurridos, procurando:
- los mecanismos ad hoc[14] que permitan cancelar la deuda de cortísimo plazo (Letras, Pases, etc.) tomada por el BCRA para esterilizar la emisión monetaria provocada por el "fondeo" del DFT,
- la limitación a ocho Ministerios (destacando, por su centralidad, el de Desarrollo Económico y el ministerio "De la Comunidad"), de forma tal que aumente contundentemente la eficiencia y eficacia administrativa, y
- la reducción de los subsidios energéticos, consecuencia "natural" de la mutación del concepto que supone que "cuesta lo que vale" por aquel en el que prima el análisis de costos, más una tasa de ganancia justa y razonable para los eslabones participantes en la cadena de producción y comercialización.



---

14 Estas medidas se tomarán juntamente con otras para prestar atención a los problemas de liquidez que podrían producirse en el sistema financiero, permitiéndole desarrollar una política monetaria de control de la emisión primaria y de expansión del crédito favorable a la producción y el empleo productivo.

De esta manera se respetará, finalmente, la correcta causalidad entre lo privado y lo público. No es un aparente **estado presente** (que termina ausente) el que generará una economía dinámica, con un alto grado de "emprendedurismo": innovadora, competitiva, con plena ocupación de los factores de producción y justa distribución del ingreso sino, todo lo contrario, un **estado fuerte** es el que se deriva de los recursos que puede obtener de un *aparato productivo* eficiente y eficaz.

A fines de esclarecer, se desarrollan con mayor detalle las medidas distintivas en las áreas alimentaria y energética que permitirán la puesta en valor de los vectores de competitividad de nuestra economía.



**Evolución Resultado de Seguridad Social**
Moneda homogénea promedio 2022 (IPC) / Medida en U$S cot. oficial promedio 2022 mM

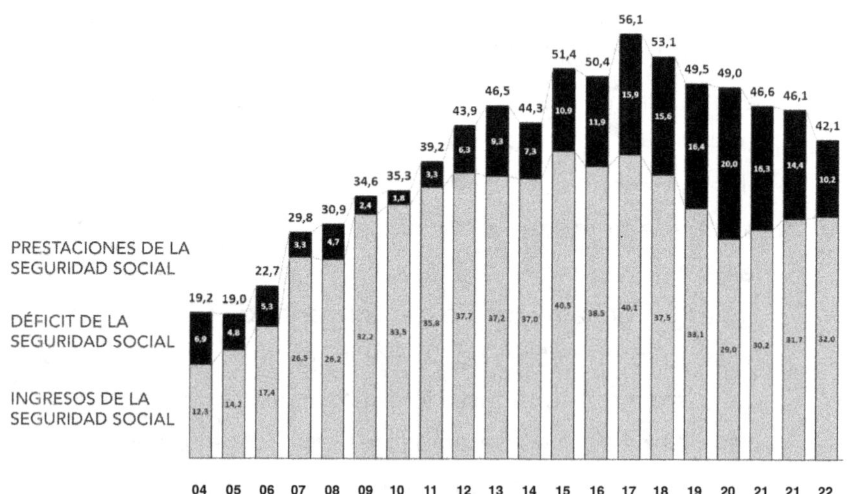


## 4.3.1.1.

# Retenciones y Ley de Arrendamientos Rurales

**Evolución Recaudación de Impuestos Nacionales**
Moneda homogénea promedio 2022 (IPC)
Medida en U$S cot. oficial promedio 2022 mM

| | 2004 | 2005 | 2006 | 2007 | 2008 | 2009 | 2010 | 2011 | 2012 | 2013 | 2014 | 2015 | 2016 | 2017 | 2018 | 2019 | 2020 | 2021 | 2022 |
|---|---|---|---|---|---|---|---|---|---|---|---|---|---|---|---|---|---|---|---|
| Ganancias | 18,7 | 21,5 | 23,2 | 25,4 | 25,7 | 23,1 | 25,4 | 29,0 | 29,7 | 31,6 | 32,6 | 36,8 | 29,9 | 30,5 | 30,5 | 29,5 | 27,4 | 29,5 | 34,2 |
| Bienes Personales | 1,4 | 1,4 | 1,4 | 1,5 | 1,6 | 1,7 | 1,7 | 1,6 | 1,6 | 1,8 | 1,8 | 1,8 | 1,3 | 1,2 | 0,6 | 0,8 | 3,7 | 3,5 | 3,0 |
| IVA Neto de Reintegros | 24,7 | 26,8 | 31,1 | 35,9 | 37,1 | 35,5 | 37,5 | 40,0 | 40,6 | 41,8 | 39,3 | 41,0 | 39,3 | 40,7 | 44,1 | 40,3 | 35,2 | 40,2 | 42,0 |
| Impuestos Internos | 2,5 | 2,8 | 2,8 | 2,8 | 2,7 | 2,8 | 3,1 | 2,9 | 2,8 | 2,8 | 2,7 | 3,0 | 3,2 | 3,8 | 3,1 | 2,5 | 3,1 | 3,3 | 3,1 |
| Ganancia Mínima Presunta | 1,0 | 0,8 | 0,7 | 0,8 | 0,5 | 0,5 | 0,6 | 0,4 | 0,3 | 0,3 | 0,3 | 0,2 | 0,2 | 0,1 | 0,1 | 0,1 | 0,0 | 0,0 | 0,0 |
| Derechos de Importación y Estadística | 2,7 | 2,9 | 3,5 | 4,1 | 4,2 | 3,1 | 3,7 | 3,8 | 3,5 | 4,0 | 3,6 | 3,4 | 3,8 | 3,8 | 4,3 | 3,5 | 3,1 | 3,9 | 3,9 |
| Derechos deExportación | 8,6 | 9,4 | 10,1 | 12,0 | 17,3 | 13,4 | 15,1 | 14,5 | 13,3 | 9,6 | 10,3 | 7,4 | 5,0 | 3,7 | 4,5 | 10,3 | 7,3 | 12,3 | 12,1 |
| Tasa deEstadística | 0,1 | 0,1 | 0,1 | 0,1 | 0,1 | 0,1 | 0,1 | 0,1 | 0,1 | 0,1 | 0,1 | 0,1 | 0,1 | 0,1 | 0,1 | 0,8 | 0,6 | 0,8 | 0,8 |
| Combustibles y Dióxido de Carbono | 4,5 | 4,6 | 4,5 | 4,4 | 4,6 | 4,8 | 5,0 | 4,8 | 5,5 | 5,3 | 5,3 | 5,5 | 5,2 | 5,6 | 4,8 | 4,3 | 3,6 | 4,5 | 3,2 |
| Monotributo Impositivo | 0,4 | 0,6 | 0,6 | 0,6 | 0,6 | 0,6 | 0,7 | 0,8 | 0,8 | 0,8 | 0,5 | 0,5 | 0,5 | 0,6 | 0,7 | 0,6 | 0,6 | 0,4 | 0,3 |
| Créditos y Débitos Bancarios y Otras Operatorias | 6,4 | 7,2 | 8,1 | 8,9 | 9,3 | 8,6 | 8,9 | 9,7 | 9,5 | 9,7 | 9,4 | 9,4 | 9,1 | 9,5 | 9,6 | 9,3 | 8,5 | 9,4 | 9,8 |
| PAIS | - | - | - | - | - | - | - | - | - | - | - | - | - | - | - | - | 2,5 | 1,4 | 2,5 |
| Otros Impuestos | 0,8 | 0,7 | 1,0 | 0,8 | 0,8 | 1,4 | 0,8 | 0,9 | 0,9 | 0,4 | 0,8 | 0,8 | 7,7 | 3,6 | 0,5 | 0,7 | 0,7 | 0,7 | 0,7 |
| Subtotal Tributarios | 71,9 | 78,8 | 87,2 | 97,3 | 104,6 | 95,6 | 102,5 | 108,5 | 108,6 | 108,1 | 106,7 | 109,8 | 105,2 | 103,2 | 102,9 | 102,7 | 96,2 | 109,9 | 115,7 |
| Aportes y Contribuciones a la Seguridad Social | 10,6 | 12,5 | 16,3 | 21,0 | 24,5 | 31,7 | 33,2 | 36,0 | 37,9 | 39,6 | 36,6 | 38,9 | 37,1 | 38,9 | 36,5 | 31,8 | 28,1 | 29,3 | 30,8 |
| Total | 82,5 | 91,3 | 103,5 | 118,3 | 129,1 | 127,2 | 135,7 | 144,5 | 146,5 | 147,7 | 143,3 | 148,7 | 142,3 | 142,1 | 139,5 | 134,4 | 124,4 | 139,1 | 146,5 |

Los Derechos de Exportación (retenciones) cumplen un rol central en la economía argentina, ya que:

- Permiten incrementar los ingresos públicos tendiendo a conseguir el necesario equilibrio fiscal.
- Evita el precio de paridad de exportación[15] en el mercado interno de variados productos esenciales de la Canasta Básica Alimenticia (CBA) de las familias argentinas.
- Genera múltiples Tipos de Cambio Efectivos[16] (TCE) adecuándolos a las distintas productividades intra y entre sectores productivos.

A su vez, combinados con una adecuada Administración del Comercio Exterior (ACE) e interior, tenderían a incrementar la oferta alimentaria doméstica.

Junto a las retenciones a las exportaciones de algunas producciones alimentarias en el máximo nivel posible, que desacoplen (a la baja) los precios internos de los internacionales, es necesario implementar una Ley de Arrendamientos Rurales que redistribuya sobre los demás actores de la producción agropecuaria (y sobre el entramado empresarial) la Renta Extraordinaria (RE) que se obtiene en la Zona Núcleo de la Pampa Húmeda, cuya cuantía depende de la variabilidad de los precios internacionales.

Esquemáticamente, tenemos cuatro tipos de protagonistas en el sector:

1. La fuerza de trabajo
2. Los contratistas que proveen servicios,
3. Los productores que organizan la explotación y
4. Los propietarios que, por el alquiler, obtienen la RE.

Para los dos primeros, los cambios devenidos de tales disposiciones debieran ser de escasa significación. Para los productores, la baja en la

---

15    Este es el precio en el mercado doméstico que se alinea con el de exportación.
16    Se define como tipo de cambio efectivo aquel que resulta de sumarle y/o restarle al nominal los impuestos, derechos, tasas, contribuciones, subsidios y reintegros.

facturación generada por las retenciones sería compensada por la disminución de los costos de alquiler y de la energía, ut supra señalados, resultando invariante su rentabilidad.

Por el "esfuerzo patriótico", los terratenientes de la Zona Núcleo de la Pampa Húmeda recibirán un Bono Compensador, a mediano y largo plazo, en moneda dura, con tasa de interés internacional y transable en el mercado.

En términos macroeconómicos, este esquema permitiría tanto la sustentabilidad fiscal como la del sector externo.

Simultáneamente, dotaría a los ingresos populares de alto poder adquisitivo al reducir el proporcional en los presupuestos familiares del gasto en alimentos, y ampliando el poder de compra para otros consumos.



## 4.3.1.2.

# La reducción de los subsidios energéticos

**Evolución Subsidios mensuales a la Energía**
Moneda homogénea promedio 2022 (IPC) / Medida en U$S cot. oficial promedio 2022 mM

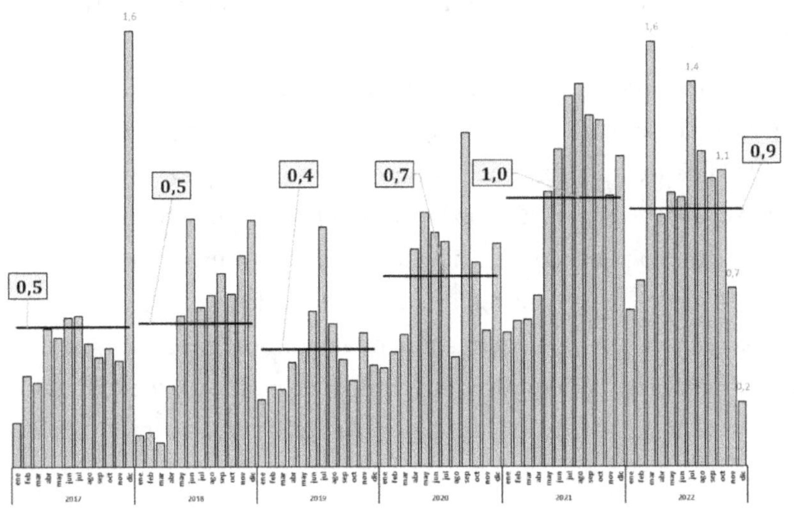

El precio de la energía debería estar asociado con los costos de exploración y explotación de modo que, contemplando una ganancia justa y razonable para los eslabones intervinientes, permita la baja de los costos unitarios para todos los sectores productivos.

Dicho valor final tendría que situarse en el orden de equivalencia de los U$S 0,60 para el litro de gasoil.

El abastecimiento de hidrocarburos en nuestro país experimenta una brutal disociación respecto de sus potencialidades. Concurren allí la insuficiencia en la producción de petróleo y gas natural con una política de precios energéticos que no solo tiende a ampliar la brecha competitiva con los EE. UU., sino que además agobia a los presupuestos familiares.

La producción de petróleo y de gas natural rondan similares niveles de los de principios de siglo, en promedio inferiores a lo alcanzado en el período 2003-2008, situación que la incorporación de las explotaciones no tradicionales de hidrocarburos (yacimientos de esquisto) no ha sido suficiente para revertir.

Es que la actual política energética, continuidad de la que fuera puesta en marcha en 2012, se basa en la utilización de subsidios estatales para incentivar el incremento de la producción.

Dichos estímulos, en el caso del gas natural, cubrirían la diferencia entre el precio teóricamente definido y el efectivamente observado en el mercado.

Aquel monto teórico se estipularía bajo el criterio de que fuera inferior al de paridad de importación, según la previsión de que, en un sendero de tiempo definido, el mercado iría reemplazando con precio pleno el aporte estatal. Ello obligó al aparato productivo a hacer sus costos a mediano plazo con precios de ese hidrocarburo al alza, en abierta contradicción con lo que venía sucediendo en los EE. UU.

De manera que la diagramación de la política energética prescindió de los parámetros de costos internos de exploración y explotación, y simplemente se alineó con las referencias de los precios internacionales.

Por ello se garantiza a los productores un valor dolarizado del insumo, que puede duplicar los montos pagados por las industrias en los EE. UU.

Allí se originan las altas tarifas energéticas que hoy asfixian a empresas y familias, pese a la vigencia de los ingentes subsidios requeridos para alcanzar el "precio sostén" prometido a los productores. Y, aun así, las compañías locales pagan mucho más que sus competidores norteamericanos.

Dado este conjunto de circunstancias, y siendo la energía el insumo más difundido, este esquema se erige como un obstáculo insuperable para cualquier intento de mejora sustantiva en la competitividad internacional de nuestras manufacturas.

Se trata, sin embargo, de un impedimento removible, atento a las potencialidades que ofrecen los yacimientos hidrocarburíferos convencionales (continentales y off shore) y no convencionales de la Argentina.

**Si ponemos en marcha una política energética que vincule los precios de comercialización con sus costos de exploración y explotación, el ciclo virtuoso que hoy observamos en los Estados Unidos podría reeditarse en nuestra Patria.**

## 4.3.2.

## Su política monetaria

La Política Monetaria no genera ni precede el lanzamiento de un ciclo ascendente en la economía, pero resulta necesario que lo acompañe, ya que requiere de adecuados niveles de financiamiento.

En este marco, los agregados constituyentes de la Oferta Monetaria (OM) son:

## Evolución Saldos Monetarios
Moneda homogénea promedio 2022 (IPC) / Medida en U$S cot. oficial promedio 2022 mM



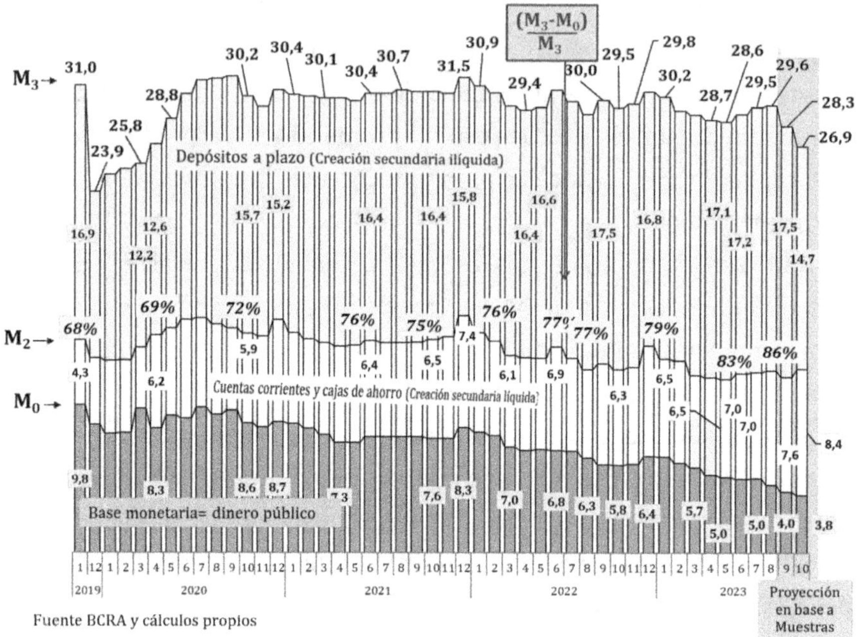


Fuente BCRA y cálculos propios

- Los billetes y monedas en poder de las personas (humanas y jurídicas) más los depósitos en cuentas corrientes,
- los depósitos en caja de ahorro en pesos, y
- los depósitos en plazos fijos en pesos, deben encontrarse armoniosamente con la Demanda Monetaria (DM), previendo que iniciado el proceso de **descenso abrupto de la tasa de inflación** el quantum de dinero destinado a las transacciones diarias se incrementará raudamente (dado que no se depreciará su valor), al igual que el precautorio facilitando el "señoreaje" a partir de la expansión de la OM.

Asimismo, el crecimiento de los depósitos en el sistema financiero estará garantizado por la espiralización ascendente del nivel de actividad, y auspiciado por el flujo inversor del ahorro en moneda local.

A su vez, cuando sean modificadas las bases del actual esquema "especulativo-rentístico", el crédito financiero (de corto, mediano y largo plazo) fluirá naturalmente hacia las familias y empresas.

Para alcanzar los objetivos ut supra señalados, es necesario *normalizar* el Balance del BCRA y adecuar sus instrumentos de regulación. En este marco, el BCRA tiene que *terminar* (de una vez y para siempre) con las decisiones, en su Directorio, que solo garantizan la Tasa de Ganancia del Sistema Financiero Ampliado.

Para ello, debe conformarse su *estructura de dirección* (cambiando los intereses que representan y los saberes que portan) con representantes de la Nación, de las Provincias (organizadas por región), de las Gremiales Empresarias y de la Confederación General del Trabajo (CGT).

Las nuevas autoridades, con vocación de implementar acciones que tiendan a **priorizar el trabajo y la producción,** reconvertirán los préstamos del sistema y tenderán a financiar, mayoritariamente, los proyectos de inversión del Sector Privado, de manera tal que el virtuoso ahorro de la comunidad se canalice correctamente.

Asimismo, se debe auspiciar la *Creditización* de la economía, con **nuevos productos** que el Sistema Financiero Ampliado (SFA) pondrá al servicio del Sector Real, ya que se debe incrementar la rentabilidad empresarial disminuyendo el costo del capital, a partir de una **sensible** baja de la tasa de interés real, que debe alinearse **indispensablemente** con la internacional.

El incremento de **productividad** del SFA facilitará la disminución del Spread, coadyuvando la eficiencia y eficacia sistémica que debe alcanzar (especialmente) la banca comercial con capital controlante estatal.

Naturalmente, nada de ello será posible si previamente no se soluciona el "desorden" generado por los pasivos remunerados, utilizados (con su costo cuasifiscal) para "esterilizar" la expansión monetaria que "fondea" el Déficit Fiscal Total.

## DEL 50-50 DE PERÓN AL 60-40 DE HOY

¿Por qué podemos aspirar a una distribución del ingreso más favorable para el trabajador que el 50-50, el *fifty-fifty* al que se refería Juan Domingo Perón? Sencillamente, porque la tecnología actual lo permite. La tecnología es la capacidad de articular los recursos naturales para que generen un bien. Esta tecnología se va innovando y estamos en un momento en que podemos considerar que una distribución del ingreso justa es un 60 % a favor de los trabajadores.

Al incrementar la cantidad de bienes disponibles, estaremos en mejores condiciones para que los trabajadores se apropien de esos bienes. La distribución del ingreso –en definitiva– no es *dinero*, sino *bienes*. ¿Cuántos bienes van a tener los trabajadores y cuánto el capital? Nuestro objetivo de 60-40 es para "empezar a hablar". En parte, porque consideramos que los trabajadores tienen que ser los dueños del capital. En el peronismo no está escrito que los dueños del capital tengan que ser los burgueses, esa es la lectura marxista. Nosotros, los peronistas, tenemos claro que no necesariamente la distribución del ingreso va acompañada de la propiedad. Ha sido una equivocación de los marxistas pensar que para distribuir correctamente el ingreso no tiene que haber propiedades en manos de algunos. Ese es, simplemente, un error. Podemos distribuir tanto el ingreso como la propiedad en una forma justa. El trabajador obtiene su parte por el salario y por la renta de la propiedad.

Los trabajadores se pueden llevar la ganancia de YPF, por ejemplo, o de todas las empresas que tengan.

Tal es la ecuación SyS + RP (Sueldo Salario + Renta de Propiedad). La ganancia de los trabajadores (IT) que resulta de esta suma es administrada por el sindicato (de otro modo, sería un esquema liberal).

Pero si aumentamos la productividad, en el fondo, lo que tenemos que hacer es no darle la derecha a los marxistas, que primero hablaron de la *plusvalía absoluta*: vos trabajás y el burgués se queda con tu trabajo. Generás 10, te da 2 y se queda con 8. Eso es el hallazgo de Marx (para ser precisos, de Adam Smith). Después empezaron a hablar de la plusvalía relativa, es decir, ya no es la **explotación por la cantidad de horas** que trabajás sino la **explotación en la hora** que trabajás. Un profesor, por poner un ejemplo, gana 10.000 pesos la hora y tiene 50 alumnos. Se trata de un profesor tan eficiente que al ciclo siguiente le siguen pagando 10.000 pesos la hora, aunque no haya inflación, pero ahora tiene 100 alumnos. Lo que hace la institución educativa es una plusvalía relativa en contra del trabajador: a él le pagan lo mismo la hora hombre, pero produce más. El profesor no se da cuenta, o quizás le aumentan un 20 % y con eso se conforma.

Entonces, si la productividad que tiene que aumentar el empresario para competir en el mundo, o para bajar sus costos, que el producto sea "bueno, barato y bonito", no se la lleva el trabajador, lo que está haciendo es aumentar la *explotación relativa*. En este caso, ¡tiene razón el marxismo! **Para tener una sociedad justa es importante mejorar la distribución del ingreso a favor de los trabajadores y ningún empresario** está en contra de eso. En todo caso, los trabajadores no participan de las ganancias sino del capital, de la propiedad. Por ejemplo, con acciones de la empresa.

**GUILLERMO MORENO**

**4.3.3.**

## Su política de Ingresos

La "armonía" entre el Capital y el Trabajo garantiza una retribución (Ingreso) intertemporal consistente entre los dos factores de producción más relevantes.

El estipendio a la Fuerza de Trabajo Activa (asalariados, cuentapropistas, profesionales independientes, etc.) o Pasiva (jubilados y pensionados) y al esfuerzo físico e intelectual acumulado (Capital) en forma de máquinas, herramientas o conocimiento de todo tipo, debe ser recompensado a partir de:

- Un Tipo de Cambio Competitivo ($/U$S), que facilite la hegemonía de los bienes y servicios elaborados localmente en el mercado doméstico, y que funja como cuña para penetrar en los externos,
- precios y Tarifas de la Energía (en sus diversas formas) a la baja, ya que se adecuarán a los costos totales de exploración y explotación (en caso de corresponder) de los distintos eslabones que componen la cadena de suministro, más una retribución, justa y razonable al Capital Total Empleado por las empresas intervinientes,
- tasas de Interés en un nivel que faciliten los proyectos de inversión en la economía real (fondeados tanto por el mercado de capitales como por el sistema financiero ampliado), y los Créditos Hipotecarios y de Consumo (a corto, mediano y largo plazo) para las familias que lo demanden,
- poner en valor, uno de los Vectores de Competitividad de la Economía Argentina (el menor precio de los alimentos en el mercado doméstico vis a vis los internacionales), implementando las tres medidas

concurrentes y simultáneas antes descriptas: los Derechos de Exportación (Retenciones), la Ley de Arrendamientos Rurales y el Bono Compensador.

Tras los ajustes iniciales, y encausadas las expectativas, se debe lograr un compromiso de estabilidad de precios e incremento de las remuneraciones (pari passu la productividad de los factores), hasta alcanzar la meta del 60-40 en la Distribución Funcional del Ingreso Nacional entre el Trabajo y el Capital.

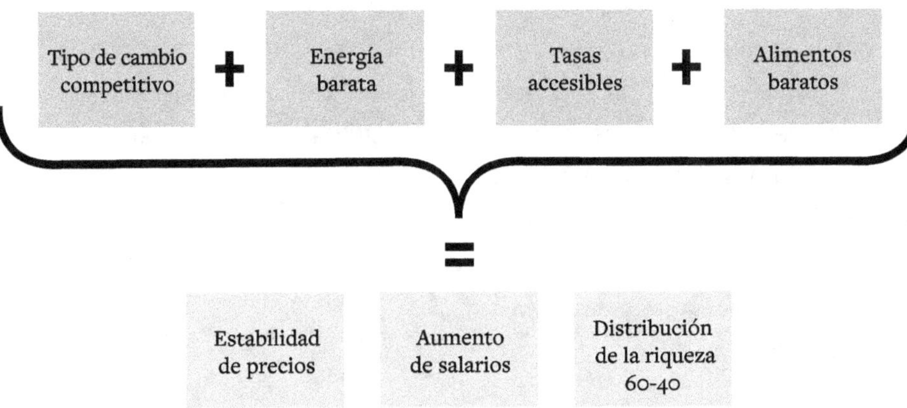



La retribución 60-40 es el punto de arribo a un justo esquema distributivo, dada la tecnología conocida. Bajo esta premisa, la retribución a la fuerza laboral alcanzará esos guarismos si es complementada con un factor denominado Renta de Propiedad, de manera tal que:

$$IT = SyS + RP$$

Donde: **IT** es Ingreso de los Trabajadores por período de tiempo, **SyS** es Sueldos y Salarios por período de tiempo, y **RP** es Renta de

Propiedad, que identifica a aquella retribución, en especies o dineraria, que recibe el "dueño" de un factor de producción, por aportarlo al proceso productivo.

Este "plus" devendrá de la capacidad de administración que tendrán las organizaciones sindicales del patrimonio común a partir, entre otras, de:

- la dación, por parte del Poder Ejecutivo, de las participaciones accionarias en las múltiples sociedades que hoy posee,
- la gestión que, en el mercado de capitales ampliado, realicen de los ahorros individuales de los trabajadores, y
- la propiedad de la tecnología a utilizar, en reemplazo de la mano de obra activa.

## Evolución Valor Agregado Bruto

Moneda homogénea promedio 2022 (IPC) / Medida en U$S cot. oficial promedio 2022 mM
Estructura del ingreso en %*

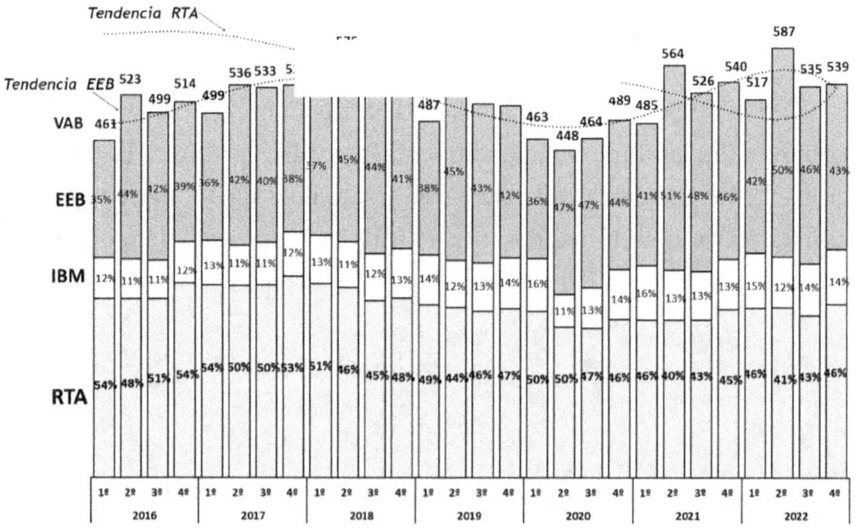

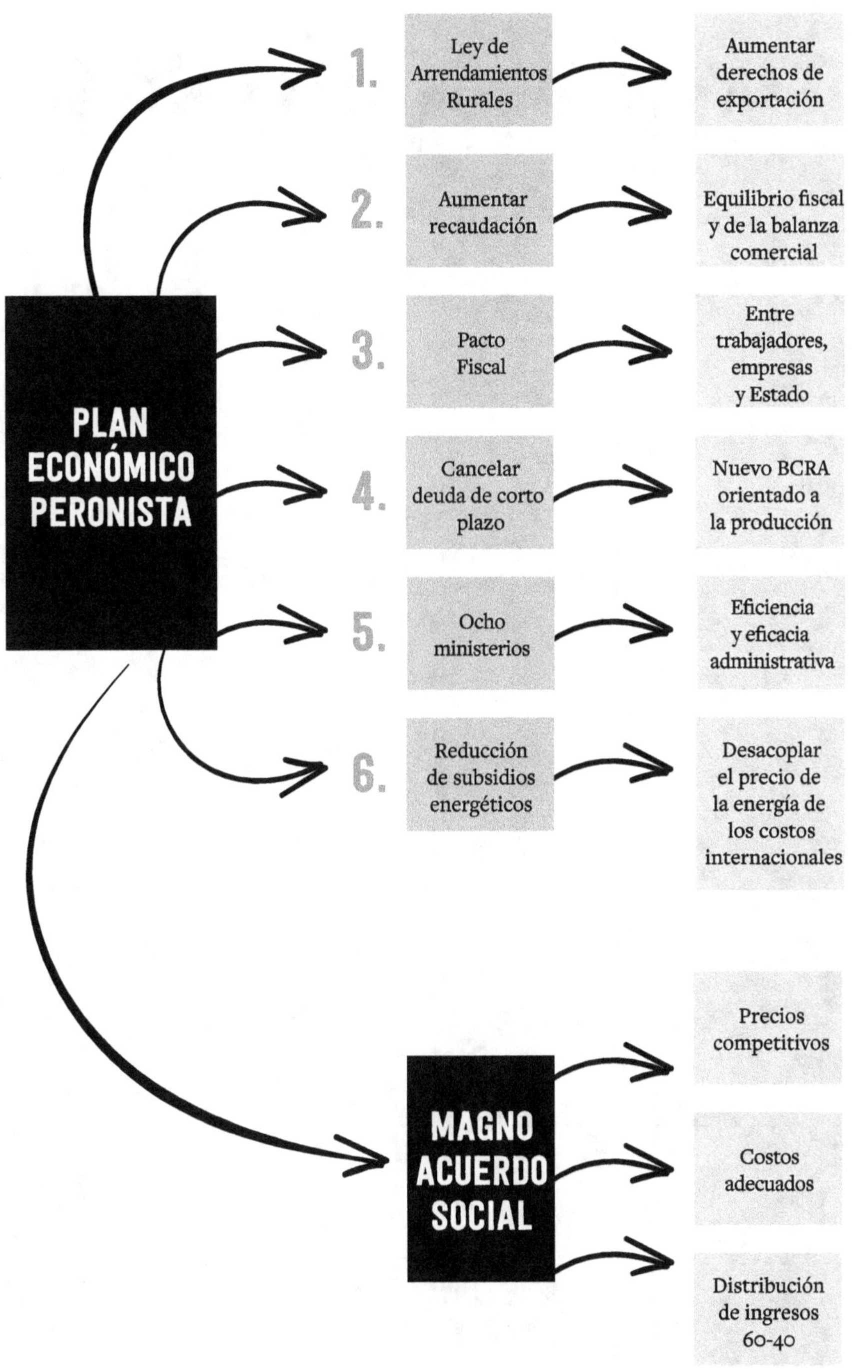

PLAN ECONÓMICO PERONISTA

1. Ley de Arrendamientos Rurales
Aumentar derechos de exportación

2. Aumentar recaudación
Equilibrio fiscal y de la balanza comercial

3. Pacto Fiscal
Entre trabajadores, empresas y Estado

4. Cancelar deuda de corto plazo
Nuevo BCRA orientado a la producción

5. Ocho ministerios
Eficiencia y eficacia administrativa

6. Reducción de subsidios energéticos
Desacoplar el precio de la energía de los costos internacionales

MAGNO ACUERDO SOCIAL
Precios competitivos
Costos adecuados
Distribución de ingresos 60-40

# MAGNO ACUERDO SOCIAL

MAGNO POR SU IMPORTANCIA; ACUERDO PORQUE LA ARMONÍA ES SUPERIOR AL CONFLICTO, Y SOCIAL PORQUE LO MEJOR QUE TENEMOS ES EL PUEBLO

# UNA ADMINISTRACIÓN EFICAZ Y EFICIENTE

**Alcanza y sobra con ocho Ministerios**, tal como dice la Constitución históricamente, para administrar todas las áreas del Gobierno.

El primer Ministerio, el más importante, es el de Desarrollo Económico, al que estarán subsumidas las Secretarías de Trabajo, Desarrollo Social, Turismo, Producción, Agricultura... Estos organismos han tenido el status de ministerios, pero nosotros proponemos que sean secretarías dentro del Ministerio de Desarrollo Económico, para que articulen juntas y organizadamente. En ese gran Ministerio es donde participa el presidente, porque es en el que se concentra toda la tensión.

Todos los funcionarios tienen que tener en claro que el núcleo de la economía es siempre el hombre y la familia. El secretario de Hacienda que no le habilita dinero a Desarrollo Social, por dar un ejemplo, debe saber que es un desalmado. Pero cuando logramos trabajar en equipo, en un equipo que tenga doctrina y comparta valores, las áreas comienzan a funcionar armónicamente.

Nuestro objetivo último es que desaparezca Desarrollo Social, que ya no haga falta tener una Secretaría para ello.

El otro gran Ministerio que proponemos es el de Comunidad, cuya misión es que la sociedad sea una auténtica comunidad. Allí estará la Secretaría de la Mujer, entre otros organismos.

De enorme importancia es el Ministerio de la Prevención de la Enfermedad, no ya el "Ministerio de Salud": porque nuestra misión es evitar que las personas contraigan enfermedades, antes de tener que curarlos. Queremos invertir la lógica: en vez de curar enfermos, queremos evitar que la gente se enferme.

**GUILLERMO MORENO**

# 5

# RECAPITULACIÓN

Tenemos conciencia de que hoy, en extensos sectores de nuestro pueblo, cunde la desolación ante la ausencia, en los ámbitos institucionales de representación, de propuestas que tuerzan el derrotero de decadencia que transita nuestra Patria.

De las obsoletas doctrinas universalistas que fueran hegemónicas hasta no hace mucho tiempo e impregnan las perspectivas de las principales coaliciones, se derivan propuestas que solo fluctúan entre la resignación a la declinación permanente, en la acepción pesimista, y la fantasía de ser una potencia exportadora de alimentos y energía beneficiaria de los altos precios de los commodities, en su versión "optimista".

Si esas fueran las alternativas, cuyas implicancias siempre suponen la exclusión de los sectores populares, la desesperanza se justificaría. Pero no lo son en la realidad.

Los alimentos y la energía pueden significar mucho más que ingresos de divisas para la Patria y convertirse en los vectores de competitividad que apuntalen el desarrollo de todos los sectores de la economía, en un esquema permanente y sustentable, para ingresar en una era de prosperidad perdurable y para todos los habitantes de este suelo.

Tenemos una doctrina, la del Justicialismo, que se encuentra, como en pocas coyunturas, con su tiempo histórico: el de los modelos nacionales.

Tenemos un plan, capaz de poner las piedras basales de un Modelo de Desarrollo Permanente y Sustentable, con orientación a la Producción.

Tenemos trabajadores y empresarios cuya voluntad y capacidad pueden extender hasta los límites las fronteras de la producción.

Como ante otros momentos de horas aciagas, nuestro pueblo será capaz de que a una negra noche la suceda un luminoso amanecer.



Hay doctrina, hay voluntad, hay fuerza, hay plan.

# CONSTRUYAMOS SIN DESCANSO NUESTRA PATRIA LIBRE, JUSTA Y SOBERANA: EL MODELO ARGENTINO

# IV

___

# EPÍLOGO AL PLAN ECONÓMICO PERONISTA

Por el Padre Eduardo Graham

Resulta para mí un honor que se me haya conferido la redacción del epílogo de la segunda edición de este documento, en tanto que presenta –como reza su subtítulo– un *Modelo de Desarrollo Económico Permanente y Sustentable*. Modelo no solo en su sentido técnico, sino también como verdadero espíritu de la tradición argentina de comunidad de vida.

En junio de 2022, hace poco más de un año, fui invitado a realizar la bendición de su primera edición. En aquel momento empleé un texto de la liturgia católica para vertebrar la oración: *"Señor, el Universo está lleno de tu Presencia, pero sobre todo has dejado la huella de tu gloria en el hombre creado a tu imagen, y le das tu Espíritu, para que sea artífice de justicia y de paz...".*

Es claro que si el Espíritu Santo no anima el arte de la convivencia, si este no es el trabajo por la justicia y la paz, si no brilla la gloria de Dios en el rostro de los hombres, si no vemos la imagen del Creador en cada hermano, empezando por quienes más solicitan nuestra misericordia, la presencia del Creador en la comunidad humana se opaca. Por eso, el Papa Francisco habla del rol de los "poetas sociales", verdaderos artífices o artistas de la vida en comunidad. Creo que también han sido poetas sociales los creadores de este *Plan*

*Económico Peronista.*[1] Sin amor creativo la justicia no se atisba en el horizonte de vida de un pueblo.

Por eso dije en el día de su bendición que pedíamos porque dé mucho fruto el trabajo de quienes participaron de un modo u otro en él. Y dije también que lo hacíamos con espíritu abierto de que se siga enriqueciendo con los aportes que otros grupos realizaran más adelante. Al respecto, hoy llama la atención que a un año de su presentación este trabajo no ha recibido ni comentarios, ni críticas, ni observaciones realizadas con el mismo nivel técnico de su contenido. Y, lo que es peor, otros grupos presentan como plan lo que no es más que un conjunto de propuestas y buenas intenciones. En nuestro documento hay un plan de acción concreto, con las medidas concatenadas y orgánicas, que produce los resultados que se propone. Por eso, la primera observación que recogemos es la invitación a la lectura y estudio atento, y difusión íntegra de su contenido.

Hoy escribo este epílogo en condición de candidato a la gobernación de la Ciudad de Buenos Aires, a partir de la invitación de Guillermo Moreno, algo cuyo discernimiento me tomó bastante tiempo realizar y cuyo contenido no es aquí el momento y lugar oportuno de explicitar.

No pienso a la Ciudad de Buenos Aires ni menos ni más autónoma que cualquier otra región del extenso territorio de nuestra Patria, por cerca o lejos que se ubique de la Capital Federal. Una ciudad autónoma... ¿cómo entendemos lo de "autónoma"? "Autonomía" significa libertad, y la libertad, si no es servicio, no es tal. La libertad se realiza cuando encuentra los caminos para hacer un servicio, un servicio a todos los hermanos del país. Si somos federales, entonces somos

---

1    "Porque cuando está en juego el bien de los demás no bastan las buenas intenciones, sino lograr efectivamente lo que ellos y sus naciones necesitan para realizarse. (...) Si alguien ayuda a un anciano a cruzar un río, y eso es exquisita caridad, el político le construye un puente, y eso también es caridad. Si alguien ayuda a otro con comida, el político le crea una fuente de trabajo, y ejercita en un modo altísimo de la caridad que ennoblece su acción política". *Fratelli Tutti* 185 y 186.

autónomos; y solo somos de verdad autónomos cuando somos federales. No hay contradicción entre individuo y comunidad o entre persona y pueblo, sino complementación.

## Nuestra relación con el mundo

No es verdadero, no es auténtico un mundo en que para cuidar el bien común no se respete la libertad; ni otro que para respetar la libertad como un absoluto desprecie el bien común. Nosotros lo sabemos porque está en nuestra tradición, porque es la de nuestras raíces, porque todos guardamos en nuestra memoria, desde nuestra primaria o secundaria, el Martín Fierro. Sabemos que unidos, entonces, no nos devoran los de afuera.

Sabemos que en libertad cada habitante de cualquier parte del país, como persona, se realiza cuando encuentra el servicio al bien común; cuando alimenta con su vida la vida del pueblo. Y el pueblo crece y supera las dificultades cuando cada hermano tiene su rostro único e irrepetible. Cada pueblo tiene su modo propio de caminar por la historia, el modo particular en que complementa persona y pueblo. Si no, rebajamos la altura del misterio de la vida a mera ideología y ahí terminamos siendo instrumento de los de afuera.

Todos estamos ya hace mucho tiempo sorprendidos del aumento progresivo de hermanos sin hogar.[2] Y no es solo el caso particular de Buenos Aires. Hoy es claro para todo el que abre los ojos que esto es la repercusión local, nacional, de un sistema mundial que ya se cayó pero sigue haciendo daño. Pero también es necesario que veamos que cada pueblo tiene la ocasión, como lee muy bien Guillermo Moreno la geopolítica, de levantarse encontrando caminos de soberanía. Pero si

---

2   Habitualmente llamados "personas en situación de calle", expresión desvinculante de la situación real.

quedamos volteados en el camino entonces a nuestra soberanía nacional nadie la va a hacer por nosotros.

Los pueblos del mundo que hoy se ponen en marcha encuentran sus caminos de soberanía. De distintas maneras, está lleno de ejemplos. No podemos desperdiciar esta hora. Los hermanos sin hogar nos lo están diciendo en las calles.

Nos lo dice también otra situación, que no puedo dejar pasar, porque es muy dura; no podemos mentirnos. Todos los años crece en nuestro país y en el mundo el número de suicidios de adolescentes. Adolescentes de los barrios más humildes y adolescentes de los barrios de clase media y media-alta. A todos nos pasa esto. Es un problema común. No es solo el estar sin techo, sin hogar; no es un problema solo material. Es un problema de sentido, y cada adolescente que se suicida nos está diciendo que somos una sociedad que no está transmitiendo el sentido de la vida a todos nuestros ciudadanos. Nuestro problema, nuestro desafío es espiritual y material a la vez. Tenemos que sentir el peso de todas estas dimensiones y así calibrar lo que decimos cuando usamos la palabra "comunidad" para expresar la vida de un pueblo en camino.[3]

Si fuera meramente material se trataría entonces de conseguir simples soluciones técnicas. Eso dice la tecnocracia, que pretende gobernar con meras soluciones técnicas. Y así como fracasamos con un "gobierno de CEOs" y luego con un "gobierno de científicos", tampoco

---

3     Aquí no puedo sino referir a las palabras del Equipo de Curas de Villas y Barrios Populares de Buenos Aires y Gran Buenos Aires, en el documento *No se olviden de las y los pobres*, publicado días atrás, el 9 de julio de 2023, que dice: "Siguiendo la *Fratelli Tutti* del Papa Francisco, afirmamos que es imperiosa una política de fraternidad y amistad social arraigada en la vida del pueblo. Sobre todo se trata de encontrar mecanismos para garantizar a todas las personas una vida digna de llamarse humana. Por eso valoramos profundamente la vocación política, la política como servicio, que abre cauces nuevos para que el pueblo se organice y se exprese...".

queremos un "gobierno de tecnócratas" como lo pide el globalismo, que ya cayó, pero que todavía muchos creen que está vigente.

El problema de sentido no es solo material sino también espiritual. Espiritual en el sentido de lugares de culto, de las distintas comunidades y tradiciones de culto, pero también en el de cualquier manifestación que busque y cultive por su pensamiento profundo, por su poética, proponer un sentido.

Como director e investigador teatral me he topado muchas veces con producciones artísticas que, sin proceder de ningún credo explícito, generan una profundidad de sentido, porque asumen que es la tarea de los ciudadanos generar sentido. Muchos artistas, a partir de sus propias búsquedas, ofrecen en sus obras ocasiones para que palpemos a tientas el misterio y no claudiquemos ante los interrogantes de nuestras existencias. Y, de hecho, el lenguaje del misterio que producen los artistas es el que empleamos en los lugares y acciones de culto.

## El Ministerio de la Comunidad y la solidaridad

El desafío es por tanto material y espiritual a la vez. Y lo enfrentamos individual y comunitariamente. Todos necesitamos tener claro el desafío de esta tarea. En el proyecto de Principios y Valores se habla del Ministerio de la Comunidad. Guillermo Moreno lo propone como una respuesta a los desafíos que mencionamos, que no puede sino ser afrontado desde una construcción colectiva. El Ministerio de la Comunidad significa, en nuestra Ciudad de Buenos Aires, que en cada barrio tenemos que poner en sintonía, en diálogo profundo entre sí a todos nuestros actores y sectores sociales, se trate de centros barriales de deportes, lugares de cultura, de arte barrial, comunidades de culto, etcétera; tenemos que ponernos en diálogo para diagnosticar entre todos lo que en cada barrio hace falta, lo que esa comunidad está sintiendo, lo que está anhelando. Vamos a escuchar a nuestros vecinos en la expresión de sus anhelos y necesidades, para brindarles los medios con que puedan realizar las obras que efectivicen su identidad barrial, su impronta arquitectónica particular, sus características propias de desarrollo. Lo mismo para cada uno de los rincones de nuestro país, asumiendo cada región según sus propias características y necesidades. Esa sintonía y ese diálogo se tiene que producir para que el diagnóstico, las propuestas y la realización, y con la ayuda del gobierno, avancen con autonomía y con el gusto propio de cada barrio y de cada región del país.

De ese modo avanzamos en la solidaridad. Y la solidaridad se construye entre todos los hermanos de la nación, de manera federal. El desafío de hoy, se puede decir simplemente, es si seguimos el camino de Caín ("¿acaso yo soy guardián de mi hermano?") o si tomamos el camino de aquellos que reconocen el rostro del hermano. Esa es la disyuntiva. Es la decisión a partir de la cual se puede construir; o seguimos encerrados en nosotros mismos, autonomía entendida como mirarse el ombligo, en lugar de salir y estar en relación, en vínculo servicial para con todo el país, distrito con distrito. Se trata así, en nuestros propios términos, de una solidaridad absolutamente federal.

En cambio de la "liquidez" que propone la autodenominada posmodernidad, una "liquidez" no solo de costumbres sociales, sino también gestiva, de financiamiento económico, que termina por licuar toda solidez, lo sólido, tanto en lo moral como en lo material, la solidaridad, estas todas palabras de una misma familia. En cambio de esa "liquidez", entonces, asumiéndonos clásicos, es decir, permanentes en nuestros principios y valores, sostenemos y enarbolamos la bandera de la solidaridad, que vuelve a hacer sólido todo lo antes licuado.[4]

---

4    En pleno auge de la posmodernidad, el sociólogo Zygmunt Bauman, en una extensa obra acerca de la "liquidez" como forma de vida que propone el globalismo (basándose en el lema marxista de que "todo lo sólido se desvanece en el aire", ergo, se licúa), advierte sobre el peligro de que tal "licuación", contraria a la "solidificación" (y sus derivados), por lo mismo, atenta contra la solidaridad, lo

Permanentemente, hay mucha creatividad latente en Buenos Aires y en cada una de las provincias de nuestro amado país. Descubrimos en todo tipo de pensamiento, de arte, de cultura toda esa creatividad social de los poetas sociales, de la que, como advertimos más arriba, nos habla el Papa. Una creatividad que no es exclusivamente artística, o que extiende la comprensión sobre el concepto de arte. Desde nuestro territorio hay mucha de esta creatividad en contacto con todas las culturas del mundo.

El desafío es que esa creatividad vincula el mundo con el interior del país, con la Patria Grande, con la creatividad del porteño. Eso que siempre se supo hacer aquí y que se sigue haciendo, pero que ahora ha de ser la fuerza motriz.

En el hermoso libro *Soñemos juntos* del Papa Francisco, cuya tercera parte es maravillosa, hay una frase de Dostoievski, que dice: "La salvación vendrá del pueblo". Hablaba del pueblo ruso, en *Los hermanos Karamazov*, novela –si no me equivoco– de 1880 y pico, quizás 1890.[5]

"La salvación vendrá del pueblo". Y Dostoievski destaca del pueblo (acá no voy a ser preciso, no estoy citando) la humildad de reconocer al otro y sus valores sin perder la dignidad propia. Entonces, "la cura", la salvación, viene del pueblo. Es decir, "la ciudad tiene cura", es su pueblo la salvación.

---

que vuelve al individuo humano un ser comunitario en vínculo permanente con la creatividad de los pueblos. Los actores globalistas se han encargado de malinterpretar los dichos del sociólogo, para vendernos tal liquidez como una virtud. A la pretendida sociedad líquida se la neutraliza con comunidad organizada en la solidaridad y la creatividad.

5    "La ciudad tiene cura" es un eslogan de campaña que surgió de la Unidad Básica, de la calle. En esta singularidad, la palabra "cura" me evoca un recuerdo. Ocurrió con el Papa Francisco, que es un lector permanente de Dostoievski. Una vez en que lo invité a ver una obra de teatro que yo dirigía, me dijo: "yo no puedo salir del arzobispado". Entonces le pregunté: "¿y cómo hacés para sostenerte en tu centro del corazón de vida, de la espiritualidad, en medio de tantas tensiones?". Me respondió: "yo leo a Dostoievski". Le pregunté entonces qué hacía cuando terminaba. "Empiezo de vuelta", me dijo.

## Los impulsos fuertes del peronismo

Hablamos de ese pueblo al que tantas veces se le negó, desde la profundidad de su corazón, desde su vida, los impulsos propios que tiene del cuidado de sí mismo. Yo creo que estos son como los impulsos del peronismo. Cuando hablamos del peronismo tenemos que saber ver los impulsos fuertes del peronismo. Por supuesto que después los peronistas podemos equivocarnos, podemos cambiar, podemos corrompernos o no, pero hay que atender a los impulsos del peronismo.

Impulsos fuertes del peronismo como el del 17 de octubre, camino a la Plaza. Evidentemente, ese es un impulso de cura del pueblo y eso es peronismo. Impulso al que se sumaron todos, de todos los partidos, ideologías, culturas, porque así es el peronismo cuando vive su impulso, contagia. O el impulso del pueblo a la vuelta de Perón, celebrada incluso por Balbín.

Son los impulsos del peronismo, que, incluso, lo trascienden. Porque también muchos celebraron la vuelta de Perón como un momento de sanación para la patria, como lo hizo no solo el líder radical, sino muchos otros más.[6]

---

6    Aprendí, para dirigir teatro, con Juan Carlos Gené, que estuvo en el avión que trajo definitivamente a Perón a nuestra Argentina. En ese viaje hubo todo un conjunto –muchos lo saben– de agentes de la cultura, haciendo como un escudo para Perón, mostrando que su regreso era algo que todos querían. Y quebrando –como dijo aquel investigador histórico con tanta precisión– la tradición de San Martín y de Rosas, que no pudieron volver. Perón volvió. Y ahí estaban muchos del ámbito de la cultura, del pensamiento, y de otras fuerzas políticas. Ahí estaba también el padre Carlos Mugica, en el avión, acompañando a Perón. En su casa, Juan Carlos Gené sacó el recorte del diario para mostrarme la mesa del almuerzo al que invitó Perón unos días después, o semanas después. Pero estos hechos no son para recordar, sino para prevenir. En ese agasajo que hizo a todos los que habían viajado con él, estaba Gené, otras actrices y actores que por entonces eran muy jóvenes y que luego hicieron historia en la actuación, y estaba el Padre Carlos Mugica, y me lo mostraba con mucho cariño.

Estamos ante el desafío de mostrarle al mundo que este es un proyecto nacional y colectivo. Pero que primero está la patria. Por tanto, convocamos a todos los sectores de nuestro bendito país, a todas las corrientes, de todas las procedencias. Si coincidimos en que hace falta un cambio profundo en Buenos Aires (como seguramente también en toda la Argentina), de cómo hacer las cosas y qué mirar y qué escuchar, y sobre qué trabajar, y sobre qué raíces construir, para que nuestros jóvenes y adolescentes no solo tengan comida, techo, trabajo, sino que también tengan el impulso vital de seguir construyendo sentido, para que nuestras hermanas y hermanos desarrollen sus vidas con libertad y prosperidad, en sus territorios nativos o en cualquier parte de la patria que les comprende.

Hay un misterio que a veces se muestra más patente, otras, más latente, que hace al alma del pueblo argentino, provengan sus raíces de donde sea. No solo en Buenos Aires, también en cada una de nuestras provincias. De Ushuaia a la Quiaca, veinticuatro misterios, que confluyen en ese gran misterio llamado Argentina. Nuestro desafío es puntual y muy claro.

PADRE EDUARDO GRAHAM

# 20

---

# VERDADES PERONISTAS

PRINCIPIOS Y VALORES

# LA VERDADERA DEMOCRACIA ES AQUELLA DONDE EL GOBIERNO HACE LO QUE EL PUEBLO QUIERE Y DEFIENDE UN SOLO INTERÉS: ★ ★ ★ EL DEL ★ ★ ★ PUEBLO

VERDAD   **Nº2**   PERONISTA

# EL PERONISMO ES ESENCIALMENTE POPULAR

TODO CÍRCULO POLÍTICO ES ANTIPOPULAR Y, POR LO TANTO, ★ **NO** ★ PERONISTA

# COMO DOCTRINA ECONÓMICA, EL JUSTICIALISMO REALIZA LA ECONOMÍA SOCIAL, PONIENDO EL CAPITAL AL SERVICIO DE LA ECONOMÍA Y ESTA AL SERVICIO DEL BIENESTAR SOCIAL

# NINGÚN PERONISTA DEBE SENTIRSE MÁS DE LO QUE ES NI MENOS DE LO QUE DEBE SER

# CUANDO UN PERONISTA COMIENZA A SENTIRSE MÁS DE LO QUE ES, EMPIEZA A CONVERTIRSE EN OLIGARCA

VERDAD · Nº5 · PERONISTA

# EL PERONISTA TRABAJA

**★★★★★ PARA EL ★★★★★**

# MOVIMIENTO

EL QUE, EN SU NOMBRE, SIRVE A UN CÍRCULO O A UN CAUDILLO, LO ES SOLO DE NOMBRE

VERDAD — N°6 — PERONISTA

EN LA ACCIÓN POLÍTICA, LA ESCALA DE VALORES DE TODO PERONISTA ES LA SIGUIENTE: PRIMERO LA PATRIA, DESPUÉS EL MOVIMIENTO, LUEGO LOS HOMBRES

# NO EXISTE PARA EL PERONISMO MÁS QUE UNA SOLA CLASE DE HOMBRES: LOS QUE TRABAJAN

# LA POLÍTICA NO ES PARA NOSOTROS UN FIN, SINO SOLO EL MEDIO PARA EL BIEN DE LA PATRIA QUE ES LA FELICIDAD DE SUS HIJOS Y LA GRANDEZA NACIONAL

# CONSTRUIMOS UN GOBIERNO CENTRALIZADO, UN ESTADO ORGANIZADO Y UN PUEBLO LIBRE

VERDAD · N°10 · PERONISTA

# EN LA NUEVA ARGENTINA DE PERÓN, EL TRABAJO ES UN DERECHO QUE CREA LA DIGNIDAD DEL HOMBRE Y ES UN DEBER, PORQUE ES JUSTO QUE CADA UNO PRODUZCA POR LO MENOS LO QUE CONSUME.

# PARA UN ARGENTINO NO PUEDE HABER NADA MEJOR QUE OTRO ARGENTINO

# EL PERONISMO ANHELA LA UNIDAD NACIONAL Y LA LUCHA

---

# DESEA HÉROES, PERO NO MÁRTIRES

# EN LA NUEVA ARGENTINA LOS ÚNICOS PRIVILEGIADOS SON LOS NIÑOS

VERDAD

# COMO DOCTRINA SOCIAL, EL JUSTICIALISMO REALIZA LA JUSTICIA SOCIAL, QUE DA A CADA PERSONA SU DERECHO EN FUNCIÓN SOCIAL

VERDAD · N°15 · PERONISTA

# UN GOBIERNO SIN DOCTRINA ES UN CUERPO SIN ALMA

---

POR ESO,
EL PERONISMO
TIENE UNA DOCTRINA
POLÍTICA,
ECONÓMICA Y SOCIAL:
EL JUSTICIALISMO

# NINGÚN PERONISTA DEBE SENTIRSE MÁS DE LO QUE ES NI MENOS DE LO QUE DEBE SER

---

CUANDO UN PERONISTA COMIENZA A SENTIRSE MÁS DE LO QUE ES, EMPIEZA A CONVERTIRSE EN OLIGARCA

# COMO DOCTRINA ECONÓMICA, EL JUSTICIALISMO REALIZA LA ECONOMÍA SOCIAL, PONIENDO EL CAPITAL AL SERVICIO DE LA ECONOMÍA Y ESTA AL SERVICIO DEL BIENESTAR SOCIAL

# LOS DOS BRAZOS DEL PERONISMO SON LA JUSTICIA Y LA AYUDA SOCIAL

---

# CON ELLOS, DAMOS AL PUEBLO UN ABRAZO DE JUSTICIA Y AMOR

# COMO DOCTRINA POLÍTICA, EL JUSTICIALISMO REALIZA EL EQUILIBRIO DEL DERECHO DEL INDIVDUO CON EL DE LA COMUNIDAD

# QUEREMOS UNA ARGENTINA SOCIALMENTE JUSTA ECONÓMICAMENTE LIBRE Y POLÍTICAMENTE SOBERANA

PRINCIPIOS Y
VALORES

"PARA UN ARGENTINO NO PUEDE HABER NADA MEJOR QUE OTRO ARGENTINO".

JUAN D. PERÓN

PRINCIPIOS Y VALORES

9 789878 916620